互联网视域下高校心理健康教育发展研究

孙晓宇　著

上海交通大学出版社
SHANGHAI JIAO TONG UNIVERSITY PRESS

内容提要

本书系对如今互联网高速发展时期高校心理健康教育模式发展进行的探析研究。主要内容包括互联网发展与高校学生心理健康的关系、互联网视域下的高校学生心理健康特点和情况、互联网视域下高校学生心理健康课程模式发展和现状、互联网视域下高校心理健康课程模式优化策略等4个部分。全书内容具有针对性、实用性和前瞻性。通过实证性和定量化的研究，旨在优化高校网络心理健康课程模式，提升网络背景下高校心理健康课程实效性，实现心理育人、网络育人的效果。本书适用于高校心理健康教育教学和研究参考使用。

图书在版编目（CIP）数据

互联网视域下高校心理健康教育发展研究 / 孙晓宇著 . -- 上海 : 上海交通大学出版社，2024. -- ISBN 978-7-313-31011-8

I.G444

中国国家版本馆 CIP 数据核字第 2024XW6064 号

互联网视域下高校心理健康教育发展研究
HULIANWANG SHIYUXIA GAOXIAO XINLI JIANKANG JIAOYU FAZHAN YANJIU

著　　者：孙晓宇
出版发行：上海交通大学出版社
邮政编码：200030
印　　制：武汉乐生印刷有限公司
开　　本：700mm × 1000mm　1/16
字　　数：204 千字
版　　次：2025 年 5 月第 1 版
书　　号：ISBN 978-7-313-31011-8
定　　价：78.00 元

地　　址：上海市番禺路 951 号
电　　话：021-6407 1208
经　　销：全国新华书店
印　　张：12.25
印　　次：2025 年 5 月第 1 次印刷

前言

PREFACE

网络技术的飞速发展促使一种新的心理健康教育方式——网络心理健康教育得以发展。对于网络心理健康教育概念的完整理解包括广义网络心理健康教育和高校学生网络心理健康教育两种内涵。在网络化的社会环境下，传统的高校心理健康教育课程模式如何发展、如何创新，以及网络心理健康课程作为高校心理健康教育的新阵地、新工具、新方法，如何用其改进传统的心理健康教育模式并加强教育效果，是心理健康教育体系的新课题。本书运用思想政治教育学和心理学的基础理论，借鉴网络心理学、网络社会学等学科的理论与方法，以高等职业院校为研究对象，将理论研究和实证分析相结合，在基于网络的心理健康课程模式进行创新的同时，为构建高校网络心理健康教育体系提供建议。

本书结合理念和操作两个层面创新研究方法。在理念层面上，全文以辩证唯物主义世界观与方法论为指导，并贯穿了系统科学等基础理论的方法论意义、多学科理论视野和方法论视域，以及对比思辨的研究方法；在操作层面上，全文吸纳了思想政治教育学和心理学研究的常用方法，如问卷调查、个案分析等，从定量和定性两个方面探索研究对象，对我国高校网络心理健康教育现状进行了实证分析。研究发现，高校网络心理健康教育面临一个突出矛盾：学生对网络心理服务的需求量大，而高校现有的网络心理健康教育难以满足这些需求。随着网络心理健康教育实践和研究的进一步深入，有必要构建网络心理健康教育课程模式，明确网络心理健康课程的理论基础，审视和把握网络心理健康课程的对象、内容和方法，加强网络心理健康教育的队伍建设，并开展网络心理健康课程的评估，探索网络心理健康课程的提升路径。

作者任职于大连职业技术学院，本书在总结多年教学经验与理论研究基础上撰写完成。在本书撰写过程中，作者收集并阅读了国内外大量优秀学者的著作和论文，并参考了其中部分内容，在此向他们表达最诚挚的谢意。

由于作者水平有限，书中难免存在不足之处，敬请读者批评指正。

目录
CONTENTS

目录

第一章　研究的理论基础

第一节　问题提出

网络信息技术的高速发展，改变了高校学生群体的学习生活方式，为高校学生提供了海量资讯与社交便利，网络环境已经成为高校学生接触社会环境的重要组成部分，对高校学生的心理健康水平产生影响。第51次《中国互联网络发展状况统计报告》显示，截至2022年12月，我国网民规模达10.67亿。高校学生是未来的社会建设者，在丰富多彩的高校学习生活中，学生的心理健康水平在知识学习、实践创新、社会交流等活动中发挥着重要的调节作用，影响着其生活与学习质量。高校学生心理健康课程在发展的过程中也呈现出网络化的趋势，如何更好地利用网络工具，减少网络环境对高校学生的消极影响，提升高校学生的心理素质，是网络背景下高校学生心理健康课程建设与发展的重要内容。

高校学习生活中，学生普遍面临来自课业、人际交往、升学、求职等方面的挑战和压力。有研究指出，来自环境挑战的压力制约着高校学生的心理健康水平，过大的压力会阻碍高校学生的学习表现。在学业成绩表现方面，心理素质问题造成的困扰会对学生学业产生消极影响，较差的心理状况还会影响高校学生的体质状况。《高等学校学生心理健康教育指导纲要》指出，健全心理健康教育课程体系，规范课程设置，实现大学生心理健康教育全覆盖。《纲要》要求提升高校学生心理健康课程的普及率，也对各高校的师资、授课空间、教学设施等条件提出了更高要求，为学生心理健康课程向网络空间进行延伸与拓展提供了契机。网络课程平台拥有丰富的课程资源和网络教学工具，为高校学生心理健康课程在网络空间中实施教学提供了条件，是对线下课程教学的有效补充。网络课程平台的课程教学资源建设状况，能否满足高校学生在网络背景下对心理健康课程的需求，是本书的研究内容之一。

网络环境对高校学生的认知、情感等心理过程产生影响，若不及时进行正面引导与教育，会对高校学生的人格、价值观、道德水平等方面产生消极影响，导致高校学生产生网络心理健康问题。在网络背景下，高校学生心理健康课程发展除教学媒体的网络化以外，课程的内容应该根据教育对象的发展与呈现问题的变化不断地完善。高校学生网络心理健康课程可以帮助学生更直观地了解网络环境对心理健康的影响，认清网络心理健康问题的危害，避免网络失范行为的发生。另外，网络心理健康的课程能够帮助高校学生树立正确的网络观念，让高校学生通过正确使用网络，利用网络的优势了解和掌握更多的心理健康知识与技能，提升自身心理素质，也是对高校学生心理健康线下课程的有效补充。通过对高校学生网络心理健康课程的实施现状进行调研，分析和总结高校学生网络心理健康课程实施过程中存在的问题及其原因，对促进高校学生心理健康课程建设与发展，完善高校学生心理健康教育体系具有积极作用。

第二节　研究目的与研究意义

一、研究目的

高校学生心理健康教育的线下课程教学已经有了充分的发展并趋于完善。对网络背景下的高校学生心理健康课程进行研究的目的在于：完善高校学生心理健康课程的内容，使心理健康课程能够更好地解决网络背景下高校学生的心理健康问题；促进高校学生网络心理健康课程的建设，使智慧教学模式与心理健康课程充分结合；提升高校学生心理健康课程的普及程度与课程质量，提升课程实效性，帮助高校学生在课程学习的过程中有效减缓压力，提升心理健康水平；促进高校学生心理健康课程在网络环境下的建设、完善与发展，实现课程模式与教学模式与时俱进，提升教学效果，更好地帮助高校学生解决心理困惑、减轻心理压力、提升心理素质。

二、研究意义

1. 理论意义

在课程与教学模式的设计与发展中，建构主义、混合学习等理论起到了重要的指导作用。本书通过对以往研究成果的分析并与其对比，对线下课程与网络课程的设置比例、教育体系之间的协同发展提出进一步的理解，丰富理论内涵。

2. 实践意义

对于高校学生个体来说，心理健康课程的建设能有效提升课程学习质量，更好地满足学生接受心理健康教育的需求，也是心理育人过程在针对性与实效性方面的有力体现；完善网络背景下的高校学生心理健康课程内容，丰富心理健康教育的内涵，实现心理健康教育体系的与时俱进，契合网络时代发展要求；高校学生网络心理健康课程的发展符合网络育人、心理育人的思想政治教育要求，对高校学生心理健康教育和思想政治教育的创新协同发展具有推动作用。

第三节 文献综述

一、国内文献研究现状

1. 高校学生心理健康课程建设研究

在有关高校学生心理健康教育课程的研究中，研究者分别对课程开设的必要性、开课形式、课程内容等方面进行了深入的分析与研究，取得了具有指导性的研究成果。章成斌（2005）提出，高校学生心理健康的状况、高校心理健康教育的状态与发展趋向、高校心理健康教育的根本目标都对高校的心理健康教育提出了课程化建设的要求。杨贵英（2009）提出，应结合必修与选修两种开课形式，围绕着理论与技能相结合的方式来确立课程。在教学方法的研究中，陈晓燕（2008）提出了体验教学法、网络教学法等教学方法。在后续的研究中又总结出了心理测试法、心理影片录像教学法、案例分析法、演讲法、新概念作业法、网上辅导法等教学方法。马永亮等（2020）提出，要构建以过程性评价和发展性评价为主，兼顾结果性评价的教学评价体系。通过对考勤、网络自主学习、小组合作表现、实践性活动等教学活动过程的考察，形成过程性的综合评价，因此，要建构与编制相应的教学质量评价指标体系。同时，要注意评价指标设计过程中学生心理素质与知识掌握之间的重要程度关系，更多地关注学生心理素质方面的变化与提升，将知识的掌握程度作为有效补充，保证评价体系的健全，为教学评价的多元化发展提供具有建设意义的对策。吴继红（2013）在关于高校学生心理健康课程实效性研究中提出，接受调查的高校学生普遍对心理健康课程抱有接受的态度，但高校教师在课堂教学内容、教学方法、教学能力等方面存在针对性不强、方法古板、教学能力薄弱等问题，为高校学生心理健康课程的实效性研究提供了指导。

2. 高校学生网络心理健康课程建设研究

网络信息技术的发展使高校学生通过网络进行社交、学习、信息收集成为常见的习惯，网络进一步扩大了学习环境。高校学生心理健康课程建设在“互联网+”影响下延伸到了网络领域。通过查阅相关文献发现，关于网络背景下的高校学生心理健康课程建设的研究在课程内容、教学模式方面有丰富的成果。

针对因网络的不良使用、网络成瘾等由互联网带来的高校学生心理健康问题，廖美玲等（2001）在关于高校学生上网心理健康教育途径的论述中提出，要开设高校学生上网心理健康教育课程，来达到调控高校学生上网行为的效果，通过传授行为标准的方式来减少甚至杜绝高校学生网络失范行为的发生。在关于网络背景下如何开展高校学生心理健康教育的研究中，崔景贵（2001）提出，网络心理教育是一个开放、动态的概念，是一种网络教育思想、一种网络教育原则、一种专门的网络教育活动。通过借助网络信息技术，培养适合网络环境的心育工作者以及拥有自主性的心育主体，同时要建立相应的心育系统、开展心育活动，并加强心育研究。此处的网络心理健康教育依旧是一种能产生特定效果的实践活动，未表现出课程的计划性。刘秀伦（2005）提出，通过健全档案、开展网络心理咨询、建设网络知识学习园地等方式来进行高校学生网络心理健康教育。李瑞学等（2005）提出，应开展网上心理健康教育课、在线咨询、在线交流等多种形式的教育活动。通过网络信息技术开展课程教学，不仅能更有效地传播知识，也能促进高校学生良好网络使用习惯的养成。随着网络技术的不断发展以及互联网对生活影响的不断深入，网络空间与高校学生的学习空间、社交空间有了更进一步的融合，成为高校学生所处社会环境中必不可少的一部分。沈晓梅（2012）提出，应该充实网络环境下心理健康教育的内容，实施系统化网络心理健康教育。陆建兰等（2015）提出，高校学生心理健康教育课程应开设网络课程教学。利用网络课程自身的特有属性来对高校学生产生积极影响，通过完善课程内容来提升高校学生对网络环境影响下心理状态变化的认知水平，在体验中学习。莫莉秋（2018）从网络心理健康的角度出发，提出网络环境下高校学生心理健康教育课程的内容应该包括，网络心理健康意识自我教育、网络道德心理健康教育、网络人际交往心理教育、网络心理障碍防治教育，对课程内容的补充有重要的参考价值。根据学者们的研究成果可知，高校学生心理健康课程与高校学生网络心理健康课程之间并非相互独立的关系，后者是前者的一部分，通过网络这一媒介进行区分。以网络为研究视角，网络背景下高校学生心理健康课程的建设是高校学生网络心理健康课程不断修正与完善、发展的过程。在积极心理学视角下，开设高校学生网络心理健康课程的目标不仅是预防和矫正学生有关网络的心理问题，减少学生网络失范行为的发生，而且要以网络作为心理健康课程教学的工具、环境和资源，有效地向学生传授心理健康理论知识的同时，促进其心理潜能的发掘，教育与指导高校学生正确认识和使用网络工具，通过网络来提升其心理健康水平，实现个人心理素养的发展。

网络信息技术的发展使高校学生心理健康线下课程与线上教育能够充分结合，促进高校学生心理健康课程教学模式的探索与发展。线上教育来源于一个名为“互联网+”的概念，其内涵是互联网技术与各个传统行业间的有机结合，为传统行业注入活力，提供更加广阔的发展空间，创造更多的新兴行业。“互联网+”的存在是为了更好地利用互联网新兴技术服务传统行业，而非简单地相加。因此，线上教育就是利用“互联网+教育”所形成的新行业。线上线下混合式教学模式也称为“O2O”教学模式，“O2O”模式最早用于电商平台，其概念是指高效率的线上信息交流与线下沟通之间实现高效的信息流动与交换。根据是否基于网络技术教学活动来对教学模式进行分类，可分为线下课堂教学模式与线上线下混合式教学模式。根据所使用的互联网技术的水平，也可分为Web1.0技术支持的面对面教学模式与Web2.0技术支持的信息化教学模式，这些教学模式在高校学生网络心理健康课程中都有所应用。

Web1.0技术支持的面对面教学模式是教育对网络技术的初步应用，是“传递——接受”式教学模式在网络空间上的延伸，是在原有线下面对面课堂教学模式的基础上增加了网络这一教学媒体。Web1.0技术支持的面对面教学模式中，教师与学生在教学活动结构框架中的关系没有改变，但网络技术的使用使得教学空间由线下延伸到了线上网络空间，突破了线下教学空间上的限制，大大增加了可同时参与教学活动的学生人数。利用Web1.0技术支持进行课堂教学的高校学生心理健康课程，可以更加有效地传授心理健康的理论知识，加上计算机技术所提供的多媒体显示功能，可对教学内容进行更加直观且更容易被高校学生所接受的排版与影像处理，提升教学内容的质量，从而进行更高效的课堂教学。这种教学模式在高校出现无法进行线下教学的状况时，可以在保证一定的教学质量的情况下使得高校继续行使教育职能。基于Web1.0技术支持的线上教学模式在教学形式与方法上对线下面对面课堂教学模式进行了复制，虽然突破了线下教学空间的限制，但由于接受课堂教学的学生人数增加，使得教师无法顾及每位学生的需求，单向传递教学内容，缺少对学生个体的个性化知识传授。Web1.0技术的使用在提供网络教学便利的同时，师生交流效率低下的情况也更加明显，教师对学生在课堂上的表现状态无法很好地追踪与反馈。王秋月（2014）指出，若将微课直接用于网络教学，会把师生互动变为单一的学生看视频。

Web2.0技术支持的信息化教学模式更加注重用户的交互性，促进了混合式教学模式与翻转课堂教学模式在高校学生网络心理健康课程中的应用。混合式教学模式将面对面的教学活动与线上进行的教学活动进行了融合，将两种教学活动组织形式所包含的各个层面的教学环节也进行了适当的组合，并探索出了适用的教学策略，同时具备能被监督的实体场所进行的教学、线上网络空间的教学、一体化的教学体验三个要素。李克东等（2004）认为，式教学实际上是融合面授与网络两种学习模式的优势来重组和构建教与学过程的教学理念和组织策略。周天涯（2016）在混合式教学模式在高校学生心理健康课程中的运用研究中发现，混合式教学模式对培养学生自主学习、交流合作等方面的能力有明显的推动作用。翻转课堂教学模式实现了教学流程的逆序创新，学生在课堂教学前观看相关视频进行初步的认知建构，然后在课堂教学中通过教师的提示指导与师生讨论等方式进行课堂互动，解决课前观看视频时认知建构过程中产生的问题。学生被动地接受教师知识体系传授的局面在翻转课堂的教学情境下被改变了，在尊重学生自身主动性和合作倾向的基础上，强化了学生主动学习与合作学习过程的效果。教师授课前，学生在对教学视频进行主动学习与思考的过程中会产生问题，在教师的有效组织下，学生以小组为单位，基于主动学习过程中产生的问题展开合作探究与研究性学习，围绕问题的产生及其原因来组织活动，进而分析并解决问题。张珊明等（2016）在高校学生心理健康教育课程上进行传统课堂和翻转课堂的实效性对比研究中发现，翻转课堂教学有效降低了学生在情绪、自我概念和人际关系方面的非理性信念。杨盈等（2015）构建了集合慕课、翻转课堂、同伴教育“三位一体”的心理健康教学模式。

课程的建设与发展过程中，高校学生心理健康教育与思想政治教育关系紧密，协同创新。石变梅（2018）提出，高校学生心理健康教育与思想政治教育具有目标一致性，可以通过资源优化、知识共享的方式进行协同创新。关于二者在网络空间上如何发展的问题，刘丽明（2020）从教师队伍建设、教育内容与方法等几个方面讨论了协同发展的方法。方鸿志等（2019）在关于我国高校学生心理健康教育的发展研究中提出，学生心理健康教育与思想政治教育尚未紧密契合的问题。李珏等（2020）提出，利用智慧教学工具，对于提升高校学生心理健康水平、增强课程有效性具有积极作用。由此可知，利用网络教学工具进行网络课程的开发与创新，也是学生网络心理健康课程发展趋势之一。

二、国外文献研究现状

1. 国外高校学生心理健康课程建设研究

美国倾向于通过机构服务和社会“合力”的途径开展高校学生心理健康教育。在教育理念方面，以积极心理学理论为主导，高校高校的心理健康教育工作更关注高校学生的美德和优势，关注学生的积极正向品质。美国高校心理健康教育的内容有心理健康咨询、磋商性服务等，包括心理保健知识技能教育、校园环境建设、鼓励并组织社会服务、专门书籍的推广等实施途径。

国外高校心理健康教育体系注重社会系统支持方面的建设，高校学生健康服务中心提供健康咨询、医疗服务、心理健康服务等各功能齐全的服务。国外高校高校心理健康教育重视学生自我心理的积极性，秉承“无条件积极关注”的理念，开展各种形式的特色心理活动。国外高校重视学生潜能的开发和自我价值的实现，形成具有亲和性、支持性的心理环境。

通过对相关文献的查阅与分析发现，国外高校心理健康教育的工作取向在发展过程中由矫治型转向发展型，课程教育是高校心理健康教育的重要途径，具有以下特性：工作机构的正规化和从业人员的专业化；服务内容的广泛化和服务形式的多样化；教育对象的分类化和教育方法的科学化。Susan等（2005）的研究指出，美国心理健康教育者必须获得教育工作者资格认证，为不同类型的高校学生群体和个体有针对性地设计不同的教育内容和方法，提升教育效果的品质。在教育方法上运用各种科学手段加以监控，量化教育目标和效果，保证教育质量。Carl等（2012）的研究表明，美国高校心理健康教育注重学生的全面发展，包括心理、身体、精神、信仰以及环境等方面的内容。

2. 国外高校学生网络心理健康课程建设研究

通过查阅相关文献发现，国外研究者对网络心理问题的研究方面主要集中在网络心理学、网络不良影响及其引发的不当行为等方面，较少研究高校学生个体在网络环境下的心理特征与发展。

国外在高校学生网络心理健康课程的建设中，一方面利用网络工具来提供高校学生心理健康教育服务，为高校学生制定涉及学业辅导、时间管理、社交支持、经济资助、心理干预等网络式的心理健康教育方案。另一方面在课程教学中添加与网络心理学相关的内容，减少或杜绝高校学生问题网络使用的现象发生。美国心理健康教育体系在课程设置方面，着力开设三个方面的课程：传递社会主流价值观和思想意识形态的课程；解决青年发展性心理问题和预防心理疾病的课程；激发高校学生潜力和创新精神的课程。在课程内容设置方面，国外将对高校学生网络心理的教育称为培养网络信息意识和网络安全素养，通过学习网络行为规范和相关法律法规，达到提升网络安全意识、减少网络心理问题的效果。

在有关高校学生网络心理健康课程开展途径的研究中，Carly Haeck为了解在线提供积极心理教育内容对心理健康的影响，招募了270名具有积极心理学知识的学生，接受六周的在线教育，发现在线学习时间越多，幸福感变化越小。关于通过网络技术开展线上课程的研究集中在MOOC在线课程平台上面。MOOC一词是2008年由加拿大学者Dave Cornier和Bryan Alexander提出的，多翻译为大规模开放网络在线课程或者大规模开放网络课程。根据认知主义、建构主义等不同的理论基础，MOOC可分为不同的类别，对应的课程结构与实施过程也会有所不同。课程设计的侧重点差异使MOOC在社交网络、任务、内容上也会呈现出不同。基于网络互动性特点的MOOC用户之间会有更加频繁的信息与学术交流；基于网络快捷性特点的MOOC可以更有效地使课程的参与者知晓教师所布置的内容，实现信息的高效传递；基于网络信息丰富性特点的MOOC在内容上可以更加丰富，同时网络的多媒体工具可以将信息转化为更易于理解的形式。现在被人们认可的分类是基于关联主义的cMOOC和基于行为主义的xMOOC。通过对MOOC等在线课程学习平台的使用，高校能够有效利用心理健康课程资源，通过网络途径为高校学生提供心理健康教育服务。

第四节　研究思路与方法

一、研究思路

通过对相关的国内外学术文献查阅，了解与本书相关的理论，并清晰界定本书所阐释的核心概念；了解网络背景下高校学生心理健康课程相关研究的成果、现状及发展趋势，梳理出本书所涉及的逻辑关系；采用调查法对高校学生网络心理健康课程建设的现状进行调研，并通过对调查统计结果的分析，总结出高校学生网络心理健康课程存在的问题及其原因；根据分析结果，为优化网络背景下高校学生心理健康课程提出针对性的策略。

二、研究方法

1. 文献研究法

本书采用文献研究法，通过对国内外相关文献的查阅与分析，夯实本研究的理论基础，为研究提供良好的指引；清晰界定本研究所涉及的概念，使抽象的学术概念得以用文字描述准确表达出来，保证研究过程中概念相关语句使用的严谨性，进而保证研究的严谨性；通过分析相关文献，能够更好地为本研究梳理出清晰的逻辑关系；收集现有的研究成果，有助于了解影响课程实效性的重要因素，以总结出来的影响因素为切入点来设计与制订研究计划；根据提供的文献资料，进一步明确调查研究需要收集的资料，为调查研究的设计提供有益参考。

2. 问卷调查法

本书使用问卷调查法，通过使用微信客户端的“问卷星”公众号向高校学生发放调查问卷。对问卷收集到的数据进行统计与分析，对高校学生网络心理健康课程现状进行调研。

第五节　研究创新点

本书研究有以下创新点：以网络为研究背景，研究网络环境对高校学生心理健康课程的影响；对智慧教学工具进行研究，分析智慧教学工具在高校学生网络心理健康课程中的应用及作用；研究与分析高校学生心理健康教育和思想政治教育在网络环境下协同发展与创新的措施。

第二章　互联网视域下心理健康教育概念综述

网络之所以受到心理健康教育者的青睐，在于它的某些特性是现实世界所不具有的，而这些特性又是心理健康教育极力追求的，即网络的某些特性满足了心理健康教育的要求。同时，网络给心理健康教育理念、内容、方式带来了挑战，网络导致受教育者产生了复杂的心理问题，增加了教育者开展心理健康教育的难度。因此，加大网络环境下高校心理健康教育课程的研究力度是十分必要的。本章在厘清网络心理健康教育的概念和网络心理健康教育构成要素的基础上，探讨了网络心理健康教育的特征及其与现实心理健康教育的关系，论述了高校网络心理健康教育体系的含义、特征和内容构成。

第一节　网络心理健康教育

一、网络心理健康教育的概念界定

“真正的思想和科学的洞见，只有通过概念所作的劳动才能获得。”[①]同理，对网络心理健康教育的研究应当从界定“网络心理健康教育”这一概念开始。网络心理健康教育实际上具有两种内涵：一是网络环境下的心理健康教育；二是基于网络的心理健康教育。前者是对网络心理健康教育的广义理解，提出的问题是在网络化的社会环境下，传统的心理健康教育从理念到内容、方法、途径与运行模式如何发展、如何创新，是一种心理健康教育全面体系的

① ［德］黑格尔．精神现象学（上卷）[M]. 贺麟，王玖兴译．北京：商务印书馆，1979.

构建问题；而后者则是对网络心理健康教育的狭义理解，提出的问题是把网络作为心理健康教育的新阵地、新工具、新方法，用以加强和改进心理健康教育，是心理健康教育局部体系的构建问题。从网络心理健康教育的具体实践来看，以上两种理解涉及的问题相互交织在一起；从网络心理健康教育的理论研究来看，以上两种理解处于不同层次，网络心理健康教育的广义理解是狭义理解的基础和前提，对两种理解定位的理论研究缺一不可。因此，本书所指的网络心理健康教育正是广义理解和狭义理解的统一。

对网络心理健康教育概念的界定从狭义的理解开始，即把网络作为一种信息技术和信息交流平台，利用网络进行心理健康教育。傅荣（2001）较早把利用网络对青少年进行心理素质培养、解决心理问题，提高其心理健康水平的专业性教育手段和措施称为网络心理健康教育。包括网上心理培养、网上心理训练、网上心理辅导、网上心理咨询、网上心理测验、网上心理诊断、网上心理治疗等内容。后来也有学者认为，网络心理健康教育是指“心理健康教育工作者运用网络技术及其相关功能，以多种方式帮助来访者解决心理问题，提高其心理素质水平的过程”。这些界定都是从狭义的角度切入的，把网络心理健康教育理解为网上进行的心理健康教育（或网络空间进行的的心理健康教育），即在网络空间以网络为载体开展的心理健康教育，没有体现出网络和网络心理健康教育的本质。

后来有学者认识到，网络心理健康教育是一个开放的、动态的概念，可以从五个方面去认识其内涵：网络作为心理健康教育的工具、网络作为心理健康教育的环境、网络作为心理健康教育的资源、网络作为心理健康教育的内容、网络作为心理健康教育的系统。李强对网络心理健康教育的科学界定有助于我们更好地把握其实质。他从理解互联网出发，认为在网络心理健康教育中，网络首先是心理健康教育的一种新工具、新手段，网络的各种新技术为网络心理健康教育提供了许多方式和途径；其次，网络也创造出一个不同于现实社会的虚拟社会，这个虚拟社会不仅为网络心理健康教育搭建、创设了一个平台和环境，提供了丰富的信息资源，而且对传统制度化教育的各个要素产生了深刻的影响，即教师权威由单极化向多极化发展，学生的个体中心地位彰显，其主体意识得到前所未有的增强等；最后，网络作为一种新兴的技术，也是一把“双刃剑”，尽管网络在某种程度上可以减轻人们的心理压力、增强人们的自信心（如通过宣泄、发挥个人创造性等），但它也会直接导致和诱发许多心理问题，所以网络本身应该成为心理健康教育的一个重要对象和内容。

网络心理健康教育是在传统心理健康教育基础上发展起来的，传统心理健康教育首先应是一种教育理念，是渗透在所有教育活动中的一种教育信念和态度，心理健康教育又是由一系列具体的教育活动构成的教育工作。网络心理健康教育是以网络为媒介的，网络的本质也必然会反映到网络心理健康教育的本质中来。网络的本质是人与人之间一种开放的联系，正如李普纳克和斯坦普斯在《网络的形成》一书中所写：“网络就是连接我们共同活动、希望和理想的连环；网络形成是形成人们相互联系的过程。”若提取共同的本质属性，从上述多种界定中可以看出，经过近20年的实践探索和理论磨合，我国学者对心理健康教育内涵的认识已渐趋一致，其共同的核心旨趣就是着眼于有意识、有目的地促进人的心理发展，关注和建构人的心理生活，发展和提升人的心理素质。

因此我们认为，随着以互联网为代表的信息网络技术的兴起和普及，网络心理健康教育不仅是传统心理健康教育在其领域、方式及手段上的拓展和延伸，更是一种全新的心理健康教育模式和理念，是心理健康教育发展和创新的一种新趋势。以互联网为代表的信息网络技术除以其数字化、网络化、高速化、信息容量大、虚拟性等技术特性，促进心理健康教育内容、方法、手段的创新外，更以其平等、自主、交互性的社会性内涵推动了心理健康教育理念的创新。作为对时代的回应，网络心理健康教育不能只停留在技术和工具层面上，而应该在此基础上进行整体性的理念转换。从广义上讲，网络心理健康教育不仅指网上心理健康教育，还指现实中针对网络影响开展的心理健康教育。它不仅指网络的心理健康教育，还指心理健康教育的网络化。

二、网络心理健康教育的构成要素

按照系统论的观点，心理健康教育是指教育工作者通过多种途径并运用多种手段，从学生的心理实际出发，有目的、有计划地对学生心理的各个方面进行积极的宣传和教育，促进学生个性全面和谐发展，维护学生心理健康的系统工程。系统论观点既指出了心理健康教育的内容、实质和过程，又明确了其需要通过多种途径、多种手段、多方努力而达成目标的系统工程，内容丰厚而全面。从系统论的视角来看，网络心理健康教育体系的各构成要素与现实心理健康教育具有一致性，只是通过网络赋予其各要素以新的要求。

1. 网络心理健康教育环境

网络既是我们现代生活的一种工具，也是我们生存环境的一个重要组成部分，即网络既是一种“工具”，也是一种“环境”，作为工具的网络广泛应用使其成为一种“环境”。网络作为工具，我们可以随意使用，也可以随时摆脱。然而，网络作为一种环境，却如影随形，往往难以摆脱。当然，对于环境，我们既可以主动适应，也可以整合、优化。从“工具”到“环境”，体现了人们对网络认识的升华：“工具”只是我们生活的一部分，而“环境”则具有育人的功能，正是由于网络环境变成了一种新的育人环境，从而扩大了网络心理健康教育的范围，才需要从生理、心理、社会适应、行为方式、个性培养等各方面研究高校学生心理的新情况、新问题，才开始重视挖掘网络环境对心理教育活动的积极作用。

与其他教育环境相比，网络环境的最大特点在于它的虚拟性。网络可以通过数字化的虚拟，对现实世界予以再现。而任何事物都具有两面性，网络也不例外，网络的虚拟性、开放性、自由性等特点对于人和社会的发展有利有弊。因此，在网络环境中，要充分发挥人的主体性和能动性，人既要主动地适应网络环境，也要在建构网络环境的过程中，整合各方面的资源，充分挖掘网络资源对心理健康教育的有利因素并加以利用，剔除和屏蔽对学生身心发展有害的因素。加强对学生正确价值取向的教育，引导高校学生辨别是非、选择积极网络信息的能力，提高学生的自我控制能力，从而不被虚拟网络环境负面因素影响。

2. 网络心理健康教育的主客体关系

一般教学活动的主客体关系也同样存在于网络心理健康教育活动中。心理健康教育从现实向网络的延伸，仍然与一般教育活动一样具有明确的规定性和价值导向性。也正是教育活动所固有的本质属性才导致网络心理健康教育中主客体关系的必然存在。在网络心理健康教育活动中，同样存在虚拟主客体的相互交往，以及虚拟主客体的差异性。这种建立在虚拟交往实践基础上的主客体关系也呈现出以下新的特点：一是对虚拟情境的依赖性；二是主客体的动态建构性。

在网络心理健康教育中，教育的主体变成了网络信息传播中的“把关人”，他们负责网络信息的收集、传播和监控，兼具信息传播者和心理健康教育者的身份。同时，他们必须掌握和具备现代网络技术和扎实的专业功底。在网络心理健康教育中，教育主体没有特定的身份，即具有非主体性特点，他们的职责不是说服疏导，而是提供“选择”和“引导”。高校高校网络心理健康教育的主要对象为网络社会中的“网络人”，即以高校学生网民为高校网络心理健康教育的教育客体。网络虽然是一个虚拟的世界，网络消费者（教育客体）都是经过虚拟化和符号化的，但他们反映的仍然是现实世界中的人，在现实生活中，他们仍然是活生生的、有情感的，具有主体性和主观能动性的人。同样，高校网络心理教育中的客体也是现实世界中有主体性和主观能动性的人。正因为如此，网络世界中的主体性就具有了其独特特征，即网络虚拟世界中所表现出来的主体性就是其在现实世界中主体性的反映。

网络心理健康教育中，教育主体与客体之间的地位是平等的，或许正是因为这种平等的关系，相互的交流才会更为深入、有效，更具人文关怀，这是网络心理健康教育取得良好教育效果的前提。

3. 网络心理健康教育的教学内容

高校学生网络心理健康教育的内容一方面，是指在网上传授与线下心理健康教育活动相同的内容。主要有通过网络宣传和普及心理学方面的知识，在网上开设心理学课程，举办网上心理健康知识专题讲座，针对高校学生进行学业心理指导、人际交往指导、人格辅导等方面的辅导以及开展网络心理咨询等。另一方面，是指提高高校学生网络心理素质以及预防和矫正高校学生网络心理问题，这也是高校学生网络心理健康教育的重要内容。

4. 网络心理健康教育的教学方法

网络心理健康教育就是将传统的心理健康教育方法现代化，即在网络世界中给传统心理健康教育穿上科技的外衣，将传统的心理健康教育方法网络化、现代化。在继承传统的心理健康教育教学方法的基础上结合网络技术进行创新。

网络心理健康教育的方法区别于传统心理健康教育，其表现为：其一，网络心理健康教育注重主客体之间信息的互动；其二，不使用传统的“灌输”方法，因为在网络中不可能对高校学生进行面对面强制性的信息灌输；其三，借助网络多媒体的一切手段，向高校学生提供信息，并引导高校学生正确选择有利于他们身心发展的信息。

三、网络心理健康教育的特征

网络心理健康教育是现代心理健康教育进一步发展的需要和心理健康教育适应现代科技发展的表现。从我们熟识的角度来看，网络心理健康教育作为心理健康教育中的一种新方式，它不是对现有心理健康教育方式的再现，而是继承，不是对现有心理健康教育方式的背弃而是发展，不是对现有心理健康教育方式的脱离而是超越。现实心理健康教育与网络心理健康教育既有联系又有区别，两者互为补充。下面从主体、客体、内容、方法等方面阐述其不同于现实心理健康教育的显著特点。

1. 教育主体非固定化

网络已经内化为现代人的一种生活方式，因此不能简单地把“网络心理健康教育”理解为在网络空间中开展的心理健康教育活动，而应把其当作一种全新生活世界与生存境遇中的全新价值教育形态。网络心理健康教育主客体关系的特性与发展趋势主要取决于网络化的生活方式对人的主体性的拓展，表现为教育主体的“去主体化”、教育客体的“主体化”和主客体关系的相对性、平等性。因此，要实现网络心理健康教育理念、原则与方法的创新，推进网络心理健康教育的理论构建与实践应用，首先必须了解网络时代网络化生活方式的特点与教育主客体关系的变化特性。

在网络心理健康教育中，教育主体的“非主体化”使教育主客体在心理教育活动中处于平等的地位，他们提供的是“影响”“选择”“引导”，而非“说服”“说理”“灌输”，因而更能体现教育主体的人文关怀，更具亲和力和影响力，也就更具有取得心理健康教育效果的重要前提。

在这里，必须指出的是，新的科学技术在心理健康教育中的应用丝毫不会削弱教师的地位与作用，相反，建立了一种新型的师生关系，使教师从“独奏者”的角色转变为“伴奏者”的角色，教师不仅仅传授知识，而且要去引导、组织和帮助学生，而不仅仅去塑造学生。在网络心理教育中，教育者的主要地位和影响不再是建立在学生的被动接受上，而是通过各种信息和途径，激发他们的兴趣和好奇心，调动他们的积极性，让他们在教育者的引导下积极主动地探索知识、参与学习过程。

2. 教育客体更具能动性

在网络心理健康教育中，受教育者（教育客体）更能发挥其主观能动性，即受教育者能根据自身心理感受选择自己需要的心理健康教育信息和内容。在传统的教育中，总把受教育者看作被动的教育对象，而没有把受教育者当作教育的主体来对待，但在网络心理健康教育中，教育者和受教者同是教育活动的主体，他们地位平等，此时的教育活动是一种双向交流的互动过程。从这个意义上讲，受教者在网络心理健康教育活动中所体现出来的主体性、主动性，以及主客体之间的互动交往性是传统的心理健康教育难以望其项背的。学生可以以求助者的身份在网络中出现，通过QQ、论坛、网络心理健康节目等方式选择自己需要的信息、内容和服务；同时，学生可以以助人者的身份出现，给网络中的求助者提供相关的心理健康教育内容、理念和方法。从而实现教育者和接受者之间的互动。网络心理健康教育活动中这种“他助——互助——自助”的机制，吸收了一般心理健康教育的精华，弥补其不足之处，在很大程度上增强了心理健康教育的效果。

在网络心理健康教育中，教育客体是指网络社会的“网民”或“网人”，以“网络世代”（简称N世代，Netgeneration）为主，“网络世代”反传统、追新潮，反从众、重个性，呈现愤世嫉俗的倾向，富有怀疑精神和创造力。在网络心理健康教育中，参与者往往表现出更强的主动性，他们更多的通过主动发起交流、寻求帮助，选择对自己有帮助的信息，经常主动地帮助那些求助者，试图通过自己的知识和经验去说服和疏导他人。即使是最具专业素养的心理专家，他们的专业知识、人生阅历、所掌握的心理健康技巧也是难以满足形形色色、千奇百怪的求助者的需要的，而在网络世界中，每个求助者都能找到与其具有相同个性心理特征、成长环境或人生际遇的助人者，因此在网络世界里，这种具有不同个性特征、不同经历、不同教育背景、不同成长环境、不同人生际遇的网民（助人者）成为一个“集合体”，并有成为业余的或兼职的心理健康教育者的可能，从而成为心理健康教育的主体。

在网络世界里，在教育主客体之间这种新型关系以及自助机制影响下形成的多极交互主体性的共同作用下，形成了网络心理健康教育的新模式，对这种新型的心理健康教育模式，不仅要“因势利导”，更要“造势引导”。

3. 课程内容多元化

在网络时代背景下，网络教育是完全开放式。网络的开放性、自由性和超时空性特点为心理健康教育提供了大量教育素材和教学内容，提供了一个相互交流、自由表达的空间，提供了一个扬其所长、助人为乐的平台，更为现代心理健康教育提供了一个前所未有的教学组织形式。

在网络心理健康教育中，教育内容具有以下新特点。

（1）由于作为多媒体的网络具有再现、集成、交互、扩充、虚拟等功能，它不受时间、空间、微观、宏观的限制，因此教育内容实现了从平面到立体、从静态到动态的转变，呈现了超时空的趋向。

（2）因为网络的集成扩充功能，使得网络上的教学内容无穷无尽，丰富多彩，具有生动、形象、感染力强的特点，易于激发学生的兴趣和内部动机，对感知、理解能起到有益的影响，还能更好地适应每个学生的个体差异，实现因材施教。

（3）网络具有不可控的特点，网络中既存在对心理健康教育有益的内容，也存在对心理健康产生负面效应的信息。因此，高校心理健康教育者在进行网络心理健康教育时要学会因势利导，充分利用网络有利于学生身心发展的信息，屏蔽垃圾信息。

网络作为网络心理健康教育和网络德育工作实施的载体，提供了丰富的信息资源和教学内容。另外，网络本身也被列为网络心理健康教育和网络德育的一个重要部分。

4. 教学方法具有现代性

高校高校学生网络心理健康教育方法改变了传统的以学校、课堂、书本为主要阵地，以心理咨询为主要形式的心理健康教育模式，变被动为主动，变单向说教为双向互动，把显性教育和隐性教育相结合，体现了开放、民主、平等的时代特点。

高校学生网络心理健康教育方法坚持从时代的实际出发，认识到了互联网的发展变化，以及对高校学生的双重影响，考虑到高校学生网民的特点，建立高校学生心理健康教育主题网站，运用网络心理咨询法，把建立网络心理健康教育队伍作为高校学生网络心理健康教育的重要举措，增强了心理健康教育的效果，提高了心理健康教育效率，扩大了心理健康教育参与者规模，从而使心理健康教育变得更具影响力、说服力和感召力，提升了网络心理健康教育的实效性。

信息化已经成为当今世界发展的潮流。以教育的信息化带动教育的现代化，实现了高校学生心理健康教育方法的跨越式发展，比传统的心理健康教育方法更具有现代性。

5. 教学活动具有网络性

由于网络技术与资源上的优势，在现行学校教育中做不到的事，在网络教育中却能够做到，这正是网络教育的特点所在。网络心理健康教育活动的特点集中表现为以下几点。

（1）网络心理健康课程教学活动可以在超时空状态下进行。

现实的教育往往要受到时间和空间的限制，在固定的场所、固定的时间从事固定的教学活动。网络教育则突破了时空的限制，就网络心理健康教育而言，一个当事人在网上求询，他（她）却可能是在远隔万里的异国他乡，但只要踏入网络，轻轻点击有关心理咨询的网站，指导者与当事人就可以实现零距离的接触；就时间而言，当事人的心理困扰受消极情绪的影响较大，而消极情绪的出现无法用时间来估算，当他（她）最需要接受指导的时刻可能在现实生活中是无法满足其需求的，而在网上则不受时间的限制，不管是在烈日高照的正午，还是在寒风凛冽的深夜，只要有寻求心理援助的需求，当事人随时都可以进入网络时空，接受心理的指导和救助。

（2）网络心理健康课程教学活动的信息容量大、即时性强。

网络能够提供的心理健康教育信息几乎是无限的，关键在于当事人如何去选择。当一个求询者怀着某种期望在网上求助时，他（她）首先可以选择不同的（心理）站点获得帮助，当需要某些信息时，可以选择站内搜索，也可以进行网际链接，还可以对不同专家提供的服务进行比较，选择适合自己的帮助，直到满足自己的心理需求为止。网络传递的信息具有迅速扩张的特性，只要当事人进入某一心理服务的网络界面，服务的信息就能迅速地发挥作用，不会有人为的阻隔，尤其是对那些突发性的心理问题，网络能够提供即时的帮助，对这些问题实施有效的干预，或者减缓问题行为的产生。

（3）网络心理健康课程教学活动具有生动性与互动性。

设计得好的网络心理健康教育活动，其生动性并不亚于现实活动，以个别现场心理咨询为例，当求询者步入咨询场所时，常常囿于心理上的紧张而显得局促，尤其是求询的早期阶段，因此，心理健康教育活动的生动性就难以体现出来。相比之下，网上咨询就可以去除容易导致紧张情绪的外围因素的干扰，而网上图像的设计、文字的表述、相互交流的声光信息则能够给当事人带来某种新奇和激奋。由于当事人实施求助是以个体的身份进入网络的，人机互动的特征非常明显，他（她）会根据自己的需要以任何一种可行的方式与指导者沟通，从而获取有益于自身的信息，而不必顾忌其他方面的限制。

（4）网络心理健康课程教学活动是一种自助性、隐秘性活动。

心理健康教育的宗旨是“助人自助”，这在网络心理健康教育活动中表现得尤为突出。是否选择网上求助是每一位当事人的自由，如果选择了网上求助，就可以选择以什么方式进行网上求助，是选择与专家交流，还是选择自主训练，或者是自主阅读，这些都是当事人自主决定的，从某种意义上说，选择网上求助本身就是心理自助的一种表现。既然是一种自助活动，那就具有相当程度的隐秘性，网络空间本身就被称为“虚拟社会”，虚拟性自然导致隐秘性，在网上心理求助的过程中，当事人可以任意地创造身份代号，能够随意隐匿自己想要隐匿的东西，包括种族、身份、社会地位等，同指导者交流时大可不必担心自己的隐私，一方面指导者的职业道德会让其保守当事人的秘密，另一方面网络本身就具有保守当事人秘密的功能。网络心理健康教育与现实心理健康教育的比较见表2-1。

表 2-1　网络心理健康教育与现实心理健康教育的比较

	教育环境	主客体关系	教育内容	教育途径	总体运行
网络心理健康教育	现实社会、虚拟空间	双主体之间进行互动	满足现实和网络双重需要	网络平台，途径不受时空限制	受现实和虚拟双重影响，更难把握
现实心理健康教育	现实社会	教育者起主导作用	满足现实心理健康需要	有形有限的现实途径	可在教育者的现实掌控之中

第二节　高校网络心理健康教育体系

一、高校网络心理健康教育体系的含义和特征

“体系”在汉语词典中的释义：“是指若干有关事物或某些意识相互联系

的系统而构成的一个有特定功能的有机整体。”网络心理健康教育不但是网络技术的飞速发展所催生的一种新的教育方式，而且是一种具有独立内容、独特途径与方法的全新教育体系。纵观我国高校网络心理健康教育近十多年来的发展，不难发现其理论和实践缺少整体性推进，而多在局部围绕某一方面展开，这制约了网络心理健康教育的深入推进，限制了网络心理健康教育整体功能的发挥。因此，在网络时代，构建高校网络心理健康教育体系，发挥其整体功能，已经成为目前我国高校网络心理健康教育的迫切要求。

构建高校网络心理健康教育体系，首先要确定网络心理健康教育体系的内容。高校网络心理健康教育体系是一个完整、复杂的系统，它主要由网络心理健康教育理论和方法、网络心理健康教育内容、网络心理健康教育运行机制、网络心理健康教育目标等组成，其中每一个方面又是一个子系统，要构建高校网络心理健康教育体系，必须要对各个子系统进行分门别类的研究，建构完备的网络心理健康教育体系的子系统。

其次，要抓好网络心理健康教育体系的内在整合，处理、协调系统各子系统、各要素之间的关系，如教育者和受教育者的双主体互动、网络心理健康教育目标与内容的一致，探索线下心理健康教育与线上心理健康教育的有机衔接和有效沟通，构建起立体化、全方位的网络心理健康教育模式，形成一个具有不同层次、动态与静态结合、各子系统协调统一，既符合网络时代高校学生心理素质教育要求，又切合高校学生心理健康发展需要的结构合理、功能互补的网络心理健康教育系统，从而全面实现网络心理健康教育的目标。

可见，高校网络心理健康教育体系的理念、对象、指导理论、内容、方法、师资以及管理等方面是一个有机的整体，它是一个由若干个子体系构成的系统工程，包括教育目标、教育内容、运行机制及教育途径与方法等子体系，各个子体系之间相互影响、相互作用，其协调程度极大地影响着网络心理健康教育功能的整体发挥（见图2-1）。

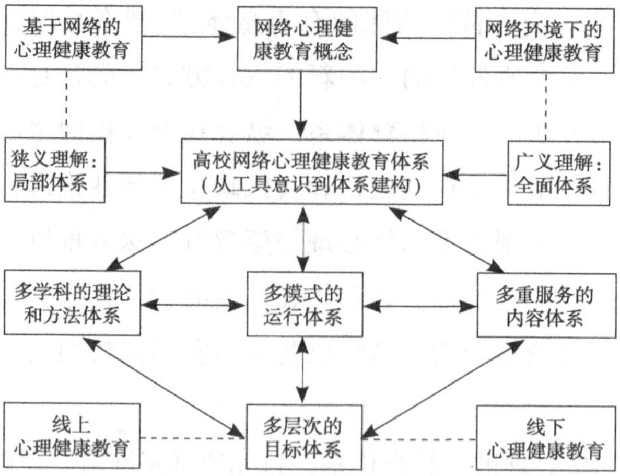

图 2-1　高校网络心理健康教育体系结构图

高校网络心理健康教育体系具有以下特征。

第一，高校网络心理健康教育体系具有开放性。开放性是网络时代和网络社会的基本特征之一，虽然在现实中出于种种原因需要对网络进行监督和控制，但这并不能改变网络的开放性特征。高校网络心理健康教育体系的开放性是指网络心理健康教育体系一方面与其他学科和理论处于关联和互动中，是一种开放的而不是封闭的综合体系；另一方面，高校网络心理健康教育体系不是一成不变的，而是与时俱进的。因此，开放性应是高校网络心理健康教育体系的首要特征。

第二，高校网络心理健康教育体系具有创新性。创新性是网络时代或网络社会的本质特征之一，也是高校网络心理健康教育理论体系的基本特点之一。一方面，网络心理健康教育体系要不断认识新情况、研究新问题，在理论上和方法上不断创新，这是网络心理健康教育理论体系构建的首要条件和基本前提。另一方面，要不断更新理论和观念，网络心理健康教育的发展与更新应紧随计算机网络技术前进的步伐。只有这样，才能保持高校网络心理健康教育体系的生命力。

第三，高校网络心理健康教育体系具有综合性。网络心理健康教育是网络与心理健康教育相结合的产物。它融合了多种学科的理论，其体系具有综合性。网络心理健康教育体系的内容并非有关学科内容的简单拼凑，作为一个完整体系，其内容必然有其内在的逻辑联系和较好的综合性。

第四，高校网络心理健康教育体系具有实用性。高校网络心理健康教育体系与网络心理健康教育实践有密切的关系。一方面，网络心理健康教育研究是对网络心理健康教育实践经验的概括与总结，高校学生的网络活动与教育实践已成为网络心理学研究的源泉；另一方面，网络心理健康教育研究成果需要在网络心理健康教育实践中接受检验，进而指导高校网络心理健康教育的实践。

二、高校网络心理健康教育体系的内容

现代网络技术不断发展和应用深化，必然要求传统心理健康教育理念、内容和方法、途径的改变和更新。因此，高校网络心理健康教育应当是一个包括以下广泛内容的体系（图2-2）。

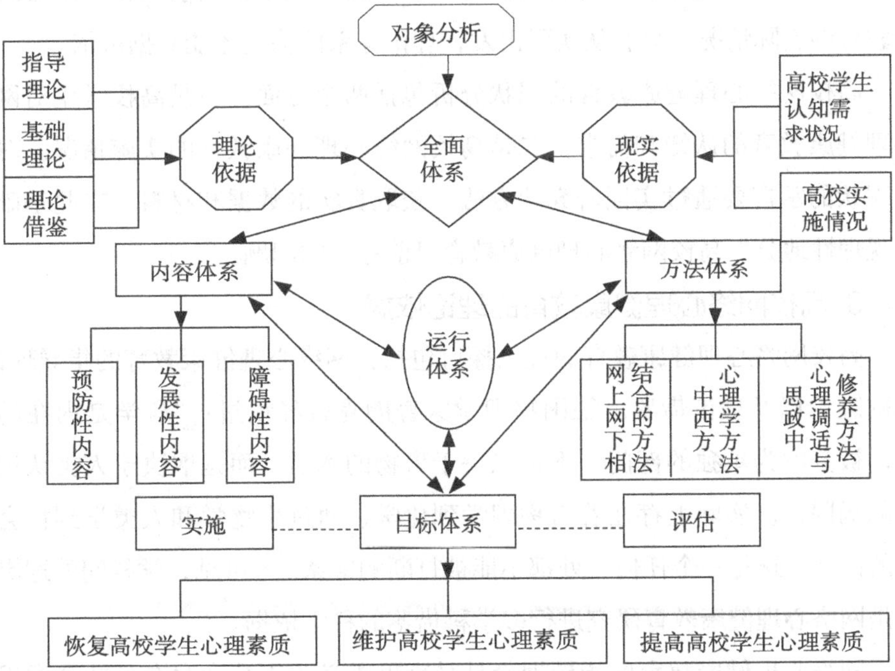

图 2-2 高校网络心理健康教育体系内容图

1. 网络心理健康教育概念与现实心理健康教育的关系

网络心理健康教育概念的界定包括网络心理健康教育的内涵、特征以及

它与现实心理健康教育的关系，推动线上心理健康教育与线下心理健康教育有效衔接、相互促进、有机融合等。

网络心理健康教育是在现实心理健康教育基础上发展起来的。心理健康教育首先应是一种教育理念，是渗透在所有教育活动中的一种教育信念和态度；心理健康教育又是由一系列具体的教育活动构成的教育工作。因此，应在沿用和整合现实心理健康教育工作模式（如教育模式、辅导模式、互助模式、危机干预模式等）的基础上，构建网络心理健康教育的运作模式：主体发展性模式、互动对话式模式和人本人性化模式。达成网络心理健康教育与现实心理健康教育的一致性目标，建立和完善三级目标：发展性目标、预防性目标、治疗性目标。

2. 高校网络心理健康教育的现实依据

对网络心理健康教育的研究，首先要全面客观了解当前高校网络心理健康教育的实际情况，只有从实际出发，理论体系的构建才能有据可依。

高校网络心理健康教育的现状分析包括两个方面：一是高校学生对网络心理健康教育的认知和需求；二是高校网络心理健康教育的实施情况。对这一现状的掌握要通过实证研究的方法，获取真实的数据和材料，在此基础上客观理性地分析高校网络心理健康教育目前存在的问题。

3. 高校网络心理健康教育的理论依据

高校网络心理健康教育的理论探讨包括：网络心理健康教育的指导理论、基础理论以及理论借鉴。德国物理学家普朗克曾经说过："科学是内在的整体，被分解为单独的部门，不是取决于事物的本质，而是取决于人类认识能力的局限性。实际上存在着由物理学到化学、通过生物学和人类学到社会科学的链条。这是一个任何一处都不能被打断的链条。"[①] 可见，学科间的逻辑联系是网络心理健康教育研究进行多学科借鉴的科学依据。

网络心理健康教育的指导理论是马克思主义关于社会存在与社会意识关系的理论、是关于人的本质与人的全面发展的理论、是科学发展观与社会和

① 马克斯·普朗克．物理世界图景中的统一性 [M]. 莫斯科：莫斯科出版社，1966.

谐发展的理论等，它们都是高校网络心理健康教育的科学指南。与网络心理健康教育相关的理论有现代思想政治教育学理论、网络思想政治教育学理论、思想政治教育心理学理论、积极心理学理论和心理健康教育理论等。网络哲学、网络心理学、网络教育学、网络社会学、网络伦理学、网络文化学等新兴边缘学科，可以作为网络心理健康教育的理论借鉴。网络心理健康教育理论的不断丰富和发展，需要充分吸收上述学科的最新理论成果。目前，很多学者从不同学科的视角对网络心理健康教育理论进行了探讨。比如，有学者从政治学的角度提出用科学发展观指导高校学生网络心理健康教育，从网络心理学的视野去分析网络心理健康教育的基本特征等。这也为网络心理健康教育研究多学科整合提供了更宽阔的视野。

4. 高校网络心理健康教育的对象分析

要提高网络心理健康教育的效果，就必须全面了解网络心理障碍问题、虚拟社会影响教育对象的心理健康作用机制，以及网络心理健康教育对象的心理特点与教育策略、网民如何处理网络中的人际关系，如何形成良好的网上道德与心理修养，如何培养自身健全的现代化网上人格等。网络环境下高校学生的心理，包括高校学生网络心理问题的分类和高校学生产生心理问题的原因分析，以及高校学生的各种心理现象产生、变化和发展的规律和相应的行为特点。因此，高校网络心理健康教育的一个根本任务就是，从高校学生网络生活和网民的现实出发，研究高校学生网络心理困惑或障碍的类型、原因及预防或调适、治疗的对策。例如，运用道德心理的理论，分析高校学生网络道德心理的现状，研究提升高校学生网络道德心理的对策。运用学习心理的理论，分析高校学生网络学习心理的现状，研究优化高校学生网络学习心理的对策。运用人际交往心理的理论，分析高校学生网络人际交往心理的现状，研究调适高校学生网络人际交往心理的对策。运用性心理与爱情心理的理论，分析高校学生网恋心理的现状，研究调适高校学生网恋心理的对策；分析高校学生网络沉迷成瘾的现状，研究高校学生网络沉迷的预防以及高校学生网络成瘾治疗的对策；分析高校学生网络色情心理的现状，研究矫正高校学生网络色情心理的对策。运用犯罪心理学的理论，分析高校学生的网络犯罪类型及原因，研究预防高校学生网络犯罪的对策，等等。

5. 高校网络心理健康教育的内容和方法

在高校学生网络心理健康教育内容中，要充分体现受教育者的需求。就受教育者的需求类型而言，主要有获取心理健康知识需求、解决心理问题需求、参与心理健康教育活动需求等。首先，要拓展现实心理健康教育的内容，使相关教育内容尽可能满足受教育者各个方面的需求。其次，要结合受教育者的日常生活，开展网上心理健康教育活动，找到宣传教育的切入点。最后，要善于根据受教育者不同类型的心理需求，提供各种形式的网络心理咨询服务。心理健康教育的内容可分为障碍性内容和发展适应性内容两大部分，依据网络心理健康教育的优势和高校学生自身认知水平较高的特点，网络心理健康教育的内容应该以发展适应性内容为主，侧重于解决高校学生在成长适应过程中所遇到的各种心理问题。一是通过网络建立高校学生心理健康教育知识系统；二是将解决高校学生网络心理健康问题作为网络心理健康教育的重要内容。当然，和现实心理健康教育的有机结合有利于教育内容的整合。

进行网络心理健康教育，要对现实心理健康教育的方法进行沿用和整合，探索适应网络时代特征的新方法。所以，一方面要充分发挥中华优秀传统文化在高校学生网络心理健康教育中的作用，另一方面，要借鉴和整合西方心理学的方法在高校学生网络心理健康教育中的运用，并积极创新，探索网络心理健康教育的新方法。

6. 高校网络心理健康教育的评估和保障

网络心理健康教育的实施研究包括实践途径和实践队伍建设。进行网络心理健康教育实践主要是在建设心理健康教育网站、进行心理健康宣传教育的基础上，实现网络心理咨询、网上心理测试、网络朋辈心理辅导和互动交流、线上线下结合的反应机制等。在线即时咨询、校园BBS咨询、留言版咨询、电子邮件咨询是高校网络心理咨询的主要服务形式。

实施网络心理健康教育，拥有一支理论水平高、业务能力强的网络心理健康教育专业队伍是关键。我们应该探讨网络心理健康教育队伍建设的重要性、网络心理健康教育队伍的素质要求及其培养、网络心理健康教育队伍的选拔和管理等。网络心理健康教育是一项专业性强的综合性工作，不仅要求教育者熟悉心理健康教育的一般原理和方法，还要求他们熟悉网络专业技术和与时俱进的网络文化。比如网络心理咨询，对咨询师的文本感知和理解及其文字表达能力有特别要求。这就需要完整的网络心理咨询师认证制度，同时对网络心理咨询从业人员进行培训和考核，以培养有专业素养的网络心理健康教育队伍。

评估是构建网络心理健康教育体系的最后一环，改进和完善网络心理健康教育必须以评估为依据。高校应该通过建立完善的评估体系来提升网络心理健康教育的成效，在评估过程中发现问题并提出解决问题的方案，使网络心理健康教育能够可持续地发展。

第三章　高校网络心理健康课程现状

第一节　高校学生网络心理健康课程建设现状研究设计

一、研究对象

本书以大连市参与网络心理健康课程的高校学生为调查研究对象，针对高校学生网络心理健康课程开设状况、课程实效性等方面进行问卷调查。

二、研究工具

本书的研究工具是《高校学生网络心理健康课程现状调查问卷》，问卷共23道题，皆为选择题。其中第13、14、16、18、22题为多选题。第4、5、10、13、14、15、16、17、18、19、20、21题考查学生对课程实施现状的评价；第22、23题考查学生对课程效果的评价；第3、6、7、8、9、11、12题考查学生对课程重视程度与态度倾向。通过对受测高校学生网络心理健康课程的开设状况、课程内容、教学方法、考核形式、教师素质、学生对课堂教学的态度等诸多方面进行考查，来调查课程实施现状。

三、研究过程

问卷调查通过线下纸质问卷发放和“问卷星”平台线上问卷发放的方式对高校学生进行调查。共发放问卷560份，回收525份，问卷回收率为93.8%。得到有效问卷506份，其中男性279人，女性227人，问卷有效率为96.4%。应用SPSS 26.0统计分析软件对收集到的问卷数据进行描述性统计分析。对中国大学MOOC网站平台中与高校学生心理健康教育相关的课程资源进行信息收集，调查网络课程平台中高校学生心理健康教育的课程设置状况。通过以“高校学生心理健康”为关键词进行检索，搜索结果中可参与的心理健康课程共27门。

第二节　高校学生网络心理健康课程现状调查结果统计

一、高校学生网络心理健康课程设置情况

高校学生网络心理健康课程的实施需要基于某个网络平台，才能为参与课程的高校学生提供相应的网络课堂教学环境，更有效地进行网络课程教学。开放在线课程平台本身所具有的丰富课程资源，在拓展混合式教学模式应用空间的同时，课程资源的选择、平台功能等因素也会影响高校学生网络心理健康课程效果。中国大学MOOC在平台功能建设上有电脑上使用的网页端与手机上使用的手机端，较好地适配了不同设备对平台的使用。以“高校学生心理健康”为关键词进行检索，可检索到相关信息600余条，通过调查，发现大多数的搜索结果与关键词相关性不大，其中可参与的心理健康课程仅27门。由此可以看出，平台的词条检索功能不够完善，自定义程度不高。平台提供了国家精品课程，并可以以课程进度为标签进行筛选，可见精品课程建设的成果在网络空间有所显现，除此之外，平台会显示该课程目前开课的次数与以往开课的内容，间接记录了课程建设与发展完善的过程，也丰富了平台的课程资源。同时，平台会显示对应课程的参与人数，为使用者选择合适的课程资源提供数据参考。

在课程内容的安排方面，所调查的网络课程中，有25门课程安排了心理健康概述的内容；有24门课程安排了情绪管理的内容；有26门课程安排了人际交往的内容；有17门课程安排了压力与挫折应对的内容。可以看出，调查的大多数高校学生网络心理健康课程的内容安排与高校学生在学习生活中遇到的心理困扰有较高的契合度，符合高校学生解决学习生活中常见心理困扰的需求，贴合高校学生心理健康课程教育与指导高校学生解决心理困惑的目

标。在满足高校学生的发展性需求上，调查的网络课程中有21门课程安排了自我意识与培养的内容；有16门课程安排了人格发展的内容；有22门课程安排了性心理与恋爱心理的内容，贴合了高校学生在校园生活中发展感情的需求，迎合了高校学生对相关心理知识的兴趣需求；有18门课程安排了学习心理的内容，在传播心理知识的同时，结合网络环境下高校学生的心理特点传授高效的网络学习技能，贴合了培养高校学生提高自主学习能力，主动提升心理素质的课程目标。除此之外，专业的心理健康知识与技能也是高校学生心理健康课程的重要内容，调查的网络课程中，有17门课程安排了生命教育与心理危机应对的内容；有12门课程安排了高校学生心理健康咨询的内容；有10门课程安排了高校学生心理困惑与异常心理的内容。从课程内容安排的情况来看，高校学生网络心理健康课程更倾向于达成教育与引导高校学生解决心理问题，以及促进高校学生心理素质发展的目标，专业的心理健康知识由于专业性强、数量多，教学内容不容易激发高校学生群体的学习兴趣，安排这类内容的高校学生网络心理健康课程相对更少。从调查的结果来看，中国大学MOOC的高校学生心理健康课程资源在内容安排方面从高校学生的学习生活情境出发，贴合了高校学生心理的发展特点。另外，调查结果也呈现出不可忽视的问题。通过调查发现，27门网络课程中只有5门课程安排了网络心理健康相关的内容。高校学生在网络环境中进行学习，心理健康水平会受到来自网络环境本身的影响，如何指导高校学生健康使用网络，减少来自网络的消极作用，在高校学生进行网络学习过程中是非常重要的，应该作为高校学生网络心理健康课程的重要内容。

在线上教学方面，高校学生网络心理健康课程是基于网络平台的功能来进行教学的。通过调查发现，大多数课程设置了录播视频呈现与文本书档资料呈现，对应了网络平台的视频播放功能与文件传输功能。还有部分课程会设置课堂讨论环节来丰富教学方法，促进师生交流。中国大学MOOC还允许课程设计者通过设置弹出式的客观题提问等方式来实现课堂管理，这种方法既可以帮助学生巩固已经学习的内容，也可以减少学生在观看教学视频过程中的分心现象。在课堂互动方面，平台提供了包括综合讨论、老师答疑、课堂交流三个主题的评价模块。其中，综合讨论模块更多用于学生评价课程本身，可以通过打分的方式对课程的效果进行量化评价。老师答疑模块用于拓展讨论，满足学生个性化需求。课堂交流模块的功能与教师自行设置的课堂讨论环节在功能上有所重合，都用于讨论课堂内容，欠缺针对性。

通过查阅网络课程平台上给出的课程实施计划调查了教学学时与课时的安排。调查的27门网络课程中，有5门课程的课时安排在10周以内；有5门课程的课时安排在11周到15周之间；有17门课程的课时安排在15周到20周之间。可以看出，调查的多数高校学生网络心理健康课程都安排了较长时间的课程实施计划。在学时的设置上，调查结果显示，高校学生通过观看完整的教学视频、查阅文档资料、参加课堂讨论的形式，完成预设的学习活动来完成学时。学时的长短取决于视频的长度。通过调查发现，大多数的网络心理健康课程预设的教学视频都能把视频时长控制在5分钟到20分钟之间，符合高校学生学习慕课、微课的习惯。调查过程中也发现了部分网络课程的教学视频时间较长的问题，四川高校网络课程平台上的高校学生心理健康课程，部分教学视频的时长达到了40分钟，过长的视频时长容易使学习者疲劳与厌倦，即便设置相应的课堂管理手段对学习效果的提升也是有限的。

调查研究发现，高校学生网络心理健康课程在课程考核形式的设置方面呈现出以考试为主、考查为辅的特点。在调查的27门网络课程中，有19门课程的考核形式是进行单元测验，学生通过回答客观题获得分数并按一定比例算入课程成绩中；有11门课程设置了期末测验，学生回答客观题，分数会按照相比单元测验更高的比例算入课程成绩中。通过客观题测验的考核方式有助于学生巩固知识，提醒学生认真对待课程学习。但是心理健康课程不具备选拔性，成绩并不能完全代表心理健康水平，单纯的考试无法对学生的课程学习效果进行全面的评价。除此之外，调查还发现，有3门课程通过学生互评的方式来进行考核，2门课程通过撰写书面报告或论文的形式进行考核，3门课程通过教师对学生回答的主观题进行批改的方式进行考核。开放式的主观题、教师评价、学生互评的考核形式，一方面更适合高校学生心理特点的过程性评价与发展性评价，另一方面，这些考核形式所具备的开放性与网络环境所蕴含的文化内涵更加契合。学生通过网络工具与同学进行相互评价，本身就是一种网络环境下的交流过程。学生互评、交流的过程，是网络环境中的一种体验式的学习，在实践中习得如何正确看待网络，训练良好的网络使用习惯，对高校学生网络心理健康素质的教育起到促进作用。总的来说，高校学生网络心理健康课程的考核大多采用客观题测试的形式，趋向同质化。建设更多样化、更契合网络学习特点的课程评价方式，采用多种评价方式组合的考核形式，对网络背景下的高校学生心理健康课程建设有更积极的影响。

二、高校学生对课程实施现状的评价

表 3-1　高校学生网络心理健康课程内容

课程内容	频数 / 人	百分数 / %
高校学生心理健康概述	481	95.06
情绪管理	410	81.03
人际交往	376	74.30
生命教育与心理危机应对	359	70.95
高校学生心理咨询	317	62.65
高校学生心理困惑与异常心理	243	48.02
自我意识与培养	138	27.27
高校学生人格发展与心理健康	214	42.29
性心理与恋爱心理	165	32.61
压力管理与挫折应对	154	30.43
高校学生职业生涯规划	293	57.91
网络与心理健康	82	16.21

从表3-1的统计数据可以看出，大部分受测高校学生所参与的网络心理健康课程包含了高校学生心理健康概述、情绪管理、人际交往、生命教育与心理危机应对、学生心理咨询、学生职业生涯规划等课程内容。一方面，这些课程内容从高校学生的学习生活情境出发，针对高校学生在情绪管理、人

际交往、职业生涯规划方面的常见问题，从问题解决的角度向高校学生传授相关的知识与技能，对高校学生提升心理保健能力具有积极作用。另一方面，高校学生心理咨询、生命教育与心理危机应对的课程内容对帮助高校学生了解高校心理健康教育工作的具体内容和措施、消除高校学生对心理咨询的疑虑，帮助学生健全生命观和价值观、正确应对心理危机等有重要的教育和指导作用，可以促进高校心理健康教育工作顺利进行。分析调查数据还可以发现，高校学生心理困惑与异常心理、自我意识与培养、人格发展与心理健康、性心理与恋爱心理、压力管理与挫折应对、网络与心理健康课程内容占比较低，这些课程内容对高校学生如何更好地判断自身的心理健康水平、提升心理素质能起到指导作用。通过对数据的分析可以看出，受测学生参与的学生心理健康课程在内容的安排上是有所侧重的。调查结果显示，16.21%的受测学生表示参与的网络心理健康课程中有网络与心理健康相关的课程内容，在受测学生群体中的占比较低，体现了网络背景下高校学生心理健康课程在内容安排方面不够合理。对于高校学生群体来说，网络与心理健康的课程内容可以帮助他们了解网络与心理健康之间的关系，教育与指导高校学生如何在网络环境下保持心理健康，通过正确地使用网络工具进行自主学习，提升自身心理健康水平，是网络环境下高校学生心理健康课程的重要内容。

表 3-2　高校学生对网络心理健康课程的内容评价

评价	频数 / 人	百分数 / %
非常满意	25	4.94
比较满意	157	31.03
一般	216	42.69
比较不满意	87	17.19
非常不满意	21	4.15
合计	506	100

从表 3-2 的数据可以看出，有 35.97% 的受测学生对所参与的网络心理健康课程内容感到满意，可见，网络心理健康课程在内容安排方面能够一

定程度地满足现有高校学生的需求。另外，有21.34%的受测高校学生对所参与的网络心理健康课程内容感到不满意，占受测人群总人数的五分之一，42.69%的受测学生对所参与的课程内容没有具体的感觉与评价。

调查研究发现，虽然很多受测高校学生对所参与的心理健康课程内容表示满意，但是不少受测学生给出了模棱两可的评价，一方面说明了网络心理健康课程的内容给受测学生留下的印象有限，另一方面也反映了高校学生对参与的网络心理健康课程内容能否有效解决自身心理困扰抱有疑问。网络心理健康课程实施的过程中，课程内容的安排要在符合课程目标的同时，尽量满足课程参与者的个性化需求，既要保证内容完整，也要保证内容安排精练，通过内容穿插的方式，降低单调沉闷的课程体验。可见，目前的高校学生网络心理健康课程内容的安排还存在较大的改进空间。

表3-3　高校学生网络心理健康课程内容倾向

课程内容	频数 / 人	百分数 / %
高校学生心理健康概述	495	97.83
情绪管理	463	91.50
人际交往	482	95.26
生命教育与心理危机应对	479	94.66
高校学生心理咨询	379	74.90
高校学生心理困惑与异常心理	391	77.27
自我意识与培养	205	40.51
高校学生人格发展与心理健康	186	36.76
性心理与恋爱心理	195	38.54
压力管理与挫折应对	265	52.37
高校学生职业生涯规划	156	30.83
网络与心理健康	359	70.95

表3-3的数据反映了受测学生对网络心理健康课程内容的态度倾向，可以为课程内容安排提供参考。可以看出，高校学生对心理健康概述、情绪管

理、人际交往等内容在态度倾向上表现出了更高的占比。高校学生对心理健康概述可以让高校学生充分了解心理健康的重要性以及相应的基本理论，符合高校学生的思维特点。情绪管理、人际交往等课程内容基于高校学生的实际生活情境，从解决问题的角度出发来传授相应的知识与技能，能够激发高校学生的学习兴趣。学生对生命教育与心理危机应对、心理咨询相关内容的倾向性较高，一方面是因为高校对心理卫生意识、心理咨询工作的重视与宣传，提高了高校学生发觉和应对心理健康问题的意识。另一方面是因为信息资讯的发达使高校学生更容易受到各种信息的影响，这让高校学生更容易产生心理困扰，长期的心理困扰状态则可能产生各种心理问题甚至心理危机，促使高校学生产生接受心理健康相关服务的需求。高校的心理咨询中心是高校心理健康教育工作的重要部分，其存在往往容易被高校学生忽视，因此高校学生心理咨询的课程内容除介绍心理咨询的基本内涵与过程，消除高校学生对心理咨询的陌生感和疑虑之外，还需要对高校的心理咨询中心进行相关介绍，宣传心理咨询的效果，鼓励高校学生在遇到无法自行调节的心理困扰等问题时积极求助，从统计数据可以看出，受测学生对高校的心理咨询相关课程内容表现出较强的兴趣。与生命教育和心理危机应对相关的课程内容直接关系到心理健康教育课程目标的达成，高校学生心理健康课程最基本的目标是降低心理问题对高校学生所产生的消极影响，通过对这一课程内容的学习，可以完善高校学生对生命的认识与观念，让学生了解心理危机状态及其危害，鼓励他们在需要时进行求助，增强高校学生对高校心理健康工作的信心。从以上统计数据的对比还可以看出，相比现有课程，自我意识与培养、性心理与恋爱心理、压力管理与挫折应对三个课程内容在受测学生群体中有更大的需求。这些课程内容都与高校学生的心理素质发展与潜能发掘联系紧密，体现了高校学生群体发展自身心理素质的需求，相应的课程实施也应该努力达成提升高校学生心理素质的课程目标。值得注意的是，有70.95%的受测学生认为安排网络与心理健康的内容是有必要的，说明高校学生群体意识到网络环境对心理健康的影响。综上所述，受测高校学生关于网络心理课程内容倾向的调查结果表现了高校学生群体对更加完善、更加丰富的网络心理健康课程内容的需求。

表 3-4　高校学生网络心理健康课程教学方法

教学方法	频数 / 人	百分数 / %
知识讲授法	506	100
课堂讨论法	341	67.39
案例分析法	204	40.32
体验式教学法	49	9.68
团体辅导训练法	53	10.47
视听材料穿插法	369	72.92
专题活动开展法	31	6.13

表3-4的统计数据显示，所有的受测学生所参加的网络心理健康课程中都采用了知识讲授的教学方法，知识讲授法有逻辑条理清晰、知识结构全面的优点，能够很好地适配各种教学模式。但是知识讲授法也容易造成教学内容理论化、学生被动接受知识的情况，可能降低学生对课堂教学内容的兴趣。除此之外，调查研究显示，课堂讨论法与视听材料穿插法在教学方法的应用中也占有较大比例，课堂讨论法可以增进教师与学生的互动，活跃课堂气氛，增强学生之间的合作氛围，促进学生自主学习与合作学习，集思广益的讨论可以令学生对教学内容产生更加全面的理解，培养学生解决问题的能力与素养。视听材料穿插法借助多媒体教学工具，将教学材料以音频、视频等形式呈现给参与课程的学生，能令高校学生对教学内容产生更加直观的认识。视听材料广泛地配备在教材中，通过扫描二维码等方式就可以观看相关教学内容的视频，是对教材的有效补充。教师对视听材料穿插法的应用是比较常见的。除此之外，有40.32%的受测高校学生表示教师在网络心理健康课程授课中使用过案例分析法。通过案例分析法，教师可以凭借自身的专业知识来引导学生对教学案例进行分析，通过案例的导引将通俗易懂的理论知识传授给学生，再引导学生通过所学知识来尝试分析教学案例，是实践转为理论，再由理论联系实际的过程。

调查研究还发现，体验式教学法、团体辅导训练法和专题活动开展法在受测学生群体参与的网络心理健康课程中使用频率较低。从师资的角度进行分析，体验式教学法、团体辅导训练法和专题活动开展法对任课教师的教学水平、活动组织能力和专业性有较高的要求，高校的师资队伍建设状况限制了部分教学方法的应用。从教学工具的角度进行分析，网络课程平台的音频与影像传输质量相比线下教学存在不足，影响体验式教学法和团体辅导训练法的教学效果，平台功能也会限制专题活动的开展。

表 3-5 高校学生网络心理健康课程教学方法评价

评价	频数 / 人	百分数 / %
非常满意	21	4.15
比较满意	56	11.07
一般	281	55.53
比较不满意	126	24.90
非常不满意	22	4.35
合计	506	100

表3-5的统计数据显示，4.15%的受测学生对参与的网络心理健康课程的教学方法表示“非常满意”，11.07%的受测学生表示“比较满意”，24.90%的受测学生表示“比较不满意”，4.35%的受测高校学生表示“非常不满意”，55.53%的受测高校学生表示“一般”。

以教学设计的角度进行分析，教学方法在选用上应该更加多样化，不同的课程内容应选择与之契合的教学方法，避免教学方法单一化。值得注意的是，高校学生网络心理健康课程教学方法评价的统计数据中评价“一般”的受测高校学生比例较高，这种模棱两可的评价，一方面体现了受测学生对现有的教学方式的体验感受有限，另一方面也反映了使用的教学方法没有特色，给人印象不深的问题。较为单调的教学方法可能是受测高校学生对教学方法评价偏低的原因之一，侧面反映了教学方法方面的改进空间与改进方向，促进教学方法的多样化应用与发展。

表 3-6 高校学生网络心理健康课程教学方法倾向

教学方法	频数 / 人	百分数 / %
知识讲授法	459	90.71
课堂讨论法	423	83.60
案例分析法	453	89.53
体验式教学法	386	76.28
团体辅导训练法	162	32.02
视听材料穿插法	156	30.83
专题活动开展法	65	12.85

表3-6的统计数据显示，受测高校学生群体对知识讲授法、课堂讨论法、案例分析法以及体验式教学法有较高倾向性。结合高校学生心理健康课程教学方法使用状况的调查数据可以说明，受测学生对知识讲授法和课堂讨论法的教学效果是比较满意的。另外，调查数据显示，受测学生群体对网络心理健康课程中广泛运用的视听材料穿插法并没有表现出较高的倾向性。视听材料穿插法可以丰富教学内容的呈现形式，让教学内容更加直观，利于激发学生学习兴趣。但是，频繁地在课堂教学过程中播放视频，会令学生的注意力频繁地在师生互动和教学视频之间切换，导致学生更容易疲劳。教学视频过长也会导致教学活动单一化，影响师生互动的效率。值得注意的是，受测学生群体表现出对案例分析法、体验式教学法、团体辅导训练法和专题活动开展法作为网络心理健康课程的教学方法的偏好，其中案例分析法和体验式教学法对受测学生群体有更强的吸引力，体现了高校学生对更有效和多样化的网络心理健康课程教学方法的需求。

表 3-7 高校学生网络心理健康课程教学内容评价

评价	频数 / 人	百分数 / %
非常理论化	10	1.98

续表

评价	频数 / 人	百分数 / %
比较理论化	113	22.33
不太贴近生活	30	5.93
比较贴近生活	291	57.51
非常贴近生活	62	12.25
合计	506	100

表3-7的调查数据显示，在教学内容的安排上，有69.76%的受测学生表示教学内容贴近生活，说明任课教师在教学设计过程中对教学材料准备充分，贴近学生的学习生活经验。除此之外，有24.31%的受测学生表示其教学内容倾向理论化，从教学方法选用的角度进行分析，单一地使用知识讲授法进行课堂教学，更加注重心理健康理论知识的讲授，会使教学内容偏向理论化。网络心理健康课程是通过传授专业知识与技能，树立心理健康观念，对高校学生的心理素质产生积极影响的课程，其教学内容应该根据高校学生的学习生活经验和心理发展特点来进行安排，以贴近高校学生生活的案例和其他材料作为主要的呈现内容，理论知识则作为分析案例与材料的辅助资料和依据，帮助学生更加全面地理解教学内容，自发地结合理论对各种常见心理现象进行辨认与分析，从而提升教学质量。

表 3-8　高校学生网络心理健康课程教材评价

评价	频数 / 人	百分数 / %
非常满意	5	0.98
比较满意	103	20.36
一般	247	48.81
比较不满意	134	26.48
非常不满意	17	3.37
合计	506	100

表3-8的数据显示，21.34%的受测学生对所使用的网络心理健康课程教

材表示满意，而29.85%的受测高校学生则对所使用的教材不满意，根据统计数据可初步得知，高校学生对所使用的网络心理健康课程教材的接受程度并不高。教材是教师用于教学设计的重要材料，以较经典的案例与其他材料作为教学内容，这些材料也是学生参考学习的重要工具。调查数据显示，有48.81%的受测学生对于教材的评价表现出了模糊的态度，结合受测学生对参与的网络心理健康教学内容的评价进行分析可知，其对教材是否能帮助自身更好地理解与学习网络心理健康课程的内容持怀疑态度。高校学生网络心理健康课程的教材包含了评价高校学生心理健康的标准，体现了社会对一名学生的培养要求。通过对教材内容的组织，高校学生网络心理健康课程教材可以从概述、情绪、人际关系、自我、意志等多个方面对高校学生进行系统化的教学。教材的内容除了基本的心理健康知识与理论，还有知识拓展、案例呈现与分析等内容，贴近高校学生学习生活情境，而且更加新颖的案例或其他材料能够更好地激发高校学生的好奇心，提升学生的学习兴趣。陈旧的案例或其他材料对高校学生群体来说缺少共鸣，容易让案例分析变成单纯的说教。网络环境下的信息更替速度较快，教材建设需要准确地找到高校学生群体感兴趣的共同话题，指导和帮助高校学生在信息交替日益频繁与复杂的社会环境中提升心理素养，保持心理健康。

表 3-9　高校学生心理健康课程任课教师水平评价

评价	频数 / 人	百分数 / %
非常满意	75	14.82
比较满意	305	60.28
一般	83	16.40
比较不满意	38	7.52
非常不满意	5	0.98
合计	506	100

表3-9的数据反映了受测学生对心理健康课程任课教师的评价和态度，数据显示，75.10%的受测学生对所参与的心理健康课程的任课教师表示满意，

占受测学生总人数的四分之三。16.40%的受测学生对任课教师的评价为“一般”，7.52%的受测学生对任课教师表示“比较不满意”，0.98%的受测学生对任课教师表示“非常不满意”。

通过统计数据可以看出，大部分受测学生所在的高校在教师队伍建设方面有积极成效，教师的基本素质与教学水平为大多数学生所接受。同时，不能忽视依旧有一部分任课教师不能获得学生的认可，甚至令学生产生不满情绪，说明高校学生心理健康课程师资队伍建设仍有发展空间，可以通过进修等方式提高教师的教学设计、科研等能力，进一步提升学生满意度。

三、高校学生对课程的重视程度与态度倾向

表 3-10　高校学生对网络心理健康课程开设必要性态度

态度	频数 / 人	百分数 / %
非常有必要	65	12.85
比较有必要	340	67.19
不确定	82	16.21
基本没有必要	19	3.75
完全没有必要	0	0
合计	506	100

表3-10的数据显示，受测学生群体中，80.04%的学生认为开设高校学生网络心理健康课程是有必要的，16.21%的学生不确定是否有必要开设网络心理健康课程，还有3.75%的学生认为基本没有必要开设网络心理健康课程。

统计数据显示，大部分受测学生都认为有必要开设网络心理健康课程，其中有12.85%的学生认为开设网络心理健康课程是非常有必要的。这种良好氛围的形成一方面体现了高校对学生的心理健康意识宣传具有良好的效果，另一方面也说明高校学生意识到了网络工具对心理健康教育的积极作用。从总体上看，高校学生群体对网络心理健康课程持有积极的态度，表现出通过网络途径接受心理健康教育的需求。

表 3-11　高校学生网络心理健康课程教学形式现状

教学形式	频数 / 人	百分数 / %
在线观看课堂教学录像	294	58.10
教师进行在线讲授与互动交流	89	17.59
教师组织网络课程学习，完成后开展线下讨论	123	24.31
合计	506	100

表3-11的统计数据呈现了受测学生参与的网络心理健康课程的教学形式状况。数据显示，58.10%的学生通过在线观看课堂教学录像的形式进行学习；17.59%的学生通过教师进行在线讲授与互动交流的形式进行学习；24.31%的学生表示教师除组织网络课程学习外，还通过线下讨论的形式进行学习。通过统计数据可以看出，受测高校学生群体中，大多数学生通过在线观看课堂教学录像的形式学习网络心理健康课程的内容。课堂教学录像有观看方便、内容丰富、适应不同学生学习节奏的优点，但由于是录播，教师与学生之间缺少课堂互动，学生的问题不能够获得及时的反馈与解答，教师需要通过课堂评论模块获取课堂反馈，交流效率较低。教师进行在线讲授与互动交流的教学形式可以通过音频与视频影像的传输，实现师生在线面对面交流。但这种教学形式对网络质量和网络教学工具的要求较高，音频与视频影像的传输质量会受到网络质量的影响，网络因素和技术因素有可能造成教学体验不连贯的问题。教师组织网络课程学习，完成后开展线下讨论的教学形式充分结合了网络课程与线下课程的优势，利用网络课程平台资源丰富、信息传递快捷的特点，帮助高校学生充分学习相关课程内容，再利用线下课程可以与教师直接沟通的特点，解决学生在网络课程学习过程中遇到的问题，促进学生自主学习。从调查数据可以看出，大多数受测学生参与的网络心理健康课程在教学形式上都较为单调。

表 3-12　高校学生对网络心理健康课程教学形式态度倾向

教学形式	频数 / 人	百分数 / %
在线观看课堂教学录像	65	12.85

续表

教学形式	频数 / 人	百分数 / %
教师进行在线讲授与互动交流	241	47.63
教师组织网络课程学习，完成后开展线下讨论	200	39.52
合计	506	100

表3-12的统计数据呈现了受测学生对网络心理健康课程教学形式的态度倾向。调查数据显示，12.85%的学生倾向于在线观看课堂教学录像的教学形式；47.63%的学生倾向于通过教师在线讲授与互动交流的形式进行学习；39.52%的学生倾向于教师组织网络课程学习，完成后开展线下讨论的教学形式。

调查数据显示，受测学生群体中倾向于以在线观看课堂教学录像作为教学形式的学生占比较少，学生更倾向于通过教师进行在线讲授与互动交流或者教师组织网络课程学习，完成后开展线下讨论的教学形式进行网络心理健康课程的学习。一方面说明学生希望通过网络教学工具更好地实现在线学习、师生在线交流互动的效果，另一方面也说明在受测学生看来，师生线下互动交流在网络心理健康课程的学习过程中也是重要的教学形式。网络课程教学平台在师生即时交流互动、课堂管理方面相对于线下课程教学空间有自身的局限性，如何开发新功能满足师生的网络课程教学需求，是网络课程教学平台建设的方向。

表 3-13　高校学生网络心理健康课程教学平台使用现状

教学平台	频数 / 人	百分数 / %
音视频会议社交软件	185	36.56
慕课平台	264	50.59
智慧课堂教学平台	57	12.85
合计	506	100

表3-13的统计数据呈现了受测学生参与网络心理健康课程教学平台使用情况。调查数据显示，36.56%的高校学生通过音视频会议软件进行网络课程学习；50.59%的学生通过慕课平台进行网络课程学习；12.85%的学生通过智

慧课堂教学平台进行网络课程学习。

表 3-14　高校学生对网络课程教学平台的偏好倾向

教学平台	频数 / 人	百分数 / %
音视频会议社交软件	134	26.48
慕课平台	201	39.72
智慧课堂教学平台	171	33.80
合计	506	100

表3-14的数据显示了受测学生对参与网络心理健康课程所使用的课程教学平台的偏好。调查数据显示，26.48%的学生偏好使用音视频会议社交软件进行网络课程的学习；39.72%的学生偏好使用慕课平台进行网络课程的学习；33.80%的学生偏好通过智慧课堂教学平台参与网络课程学习。

调查数据显示，相对于音视频会议社交软件和智慧课堂教学平台，受测学生更加偏好通过慕课平台来进行网络心理健康课程的学习，体现了慕课平台课程资源丰富、使用方便的优点。另外，也有相当一部分的受测学生偏好使用音视频会议社交软件和智慧课堂教学平台来参与网络课程学习，这一现象是不能忽视的。网络信息工具根据用户定位的不同，其功能开发也会有所侧重。音视频会议社交软件如腾讯会议、钉钉、YY等，这些软件在功能上都更注重音频对话和视频影像清晰度的表现，用于保证工作对接、会议等活动的流畅性，良好的实时音视频传输可以很好地实现教师在线授课与互动交流，对智能设备和网络质量有更高的要求。在课程资源方面，音视频会议社交软件本身没有储存课程资源的功能，无法实现学生搜索资源进行自主学习。而慕课平台则拥有大量教学视频资源，另外开发了直播、教学活动设计等功能，在翻转课堂的实施中有广泛运用，具有代表性的慕课平台包括中国大学MOOC、学堂在线、高校学生在线等平台。智慧课堂教学平台根据智慧教育理念进行开发，雨课堂智慧教学工具就是其中之一，相对于音视频会议社交软件与慕课平台，智慧课堂教学平台在课堂管理、数据化分析方面有更强的表现，可以实现对学习过程的数据化分析，帮助教师调整教学策略。通过调查数据可以看出，受测学生群体对网络课程教学平台的偏好反映了学生学习风格的差异，通过对网络课程教学平台与工具在功能上的进一步开发与完善，能更有效地开展高校学生网络心理健康课程。

表 3-15　高校学生心理健康课程考核形式

考核形式	频数 / 人	百分数 / %
考查出勤和课堂表现	142	28.06
课堂作业	65	12.85
考试	216	42.69
作业、考查与考试加权	83	16.40
总计	506	100

表3-15的数据显示了受测学生参加心理健康课程的考核形式情况。调查数据显示，28.06%的高校学生通过考查出勤和课堂表现的方式考核学习效果；12.85%的高校学生通过完成课堂作业进行心理健康课程的考核；42.69%的高校学生通过考试进行学习效果的考核；16.40%的学生通过作业、考查与考试加权的方式来考核课程学习效果。

通过分析数据发现，受测学生群体中通过多种考核形式加权来进行教学评价的学生占比较少，大多数学生都通过单一的考核形式对课程学习效果进行评价。

表 3-16　高校学生心理健康课程考核形式态度倾向

考核形式	频数 / 人	百分数 / %
考查出勤和课堂表现	183	36.17
课堂作业	102	20.16
考试	75	14.82
作业、考查与考试加权	146	28.85
总计	506	100

表3-16的数据显示了受测学生对心理健康课程考核形式的态度评价倾

向。调查数据显示，受测学生群体中，36.17%的学生倾向于通过考查出勤和课堂表现的形式进行考核；20.16%的学生倾向于将课堂作业作为考核形式；14.82%的学生倾向于通过考试的方法进行考核；28.85%的学生倾向于通过作业、考查与考试加权的方式对课程学习的效果进行考核。

通过分析数据发现，受测学生群体中，偏好以考查出勤和课堂表现作为考核形式的学生占比更多，偏好以作业、考查与考试加权作为考核形式的高校学生也占有较大的比例，偏好通过考试作为考核形式的高校学生占比则最少。考查出勤和课堂表现是对学生参与心理健康课程的学习行为与态度的过程性评价，既可以起到监督学生课堂出勤的效果，也可以促进学生积极参与课堂交流。课堂作业包括撰写成长报告、观后感、小论文等形式，可以锻炼学生的自主学习、合作、信息收集、成果呈现等方面的能力，同时需要把握任务数量，避免课堂作业占用学生过多时间。考试的专业性、指向性强，可以更好地考查与评价学生对心理健康专业知识的学习情况，心理健康教育不具备选拔的功能，考试是一种结果性评价，应当在高校学生心理健康课程的教学评价中作为一种有效的补充。通过调查数据还可以看出，受测高校学生更偏好多元化的发展性评价。

四、高校学生对课程效果的评价

表 3-17　高校学生对网络心理健康课程的学习效果态度倾向

学习效果	频数 / 人	百分数 / %
更加方便快捷	441	87.15
教学内容更丰富	102	20.19
学习效率更高	298	58.89
教学方式更加多样	142	28.06
课堂氛围更加活跃	61	12.06
与教师沟通效率更高	107	21.15
同学互动交流更加高效	42	8.50
更准确评价学习效果	286	56.52

表3-17显示了参与网络心理健康教育的受测学生对网络课程学习效果的态度评价。调查数据显示，受测高校学生群体中，87.15%的学生认为网络课程的学习过程更加方便快捷；58.89%的学生认为网络课程的学习效率更高；56.52%的学生认为网络课程能够更准确地评价学习效果。网络信息技术的发展使互联网信息传播变得方便快捷，高校学生网络心理健康课程的实施需要通过网络课程平台以及智能设备实现，手机等智能设备的轻便性允许高校学生能在更多场合接受教师的在线授课、观看教学视频或完成课堂任务。网络课程平台除了拥有在线直播授课的功能，还拥有丰富的网络教学资源，大量的课程、视频、文本资料能够更好地满足学生的学习需要。学生除了能够按照自身需求调整学习时间和查阅教学资料，网络课程平台还设置了教学评价功能，通过弹出式的客观题随堂测验以及各个阶段的考试来对学生的学习效果进行评价，教师还可以通过设置学生各阶段的课堂表现在课程考核中的权重，达到加权式的考核效果，对学生的学习效果进行更加全面的考查。值得注意的是，受测高校学生群体中，较少的学生认为网络心理健康课程在教学内容、教学方式、课堂氛围、教师与同学的沟通效率方面相比线下课程教学有更好的表现。中国大学MOOC平台的课程讨论区与论坛互动是非实时交互的，存在交互活动强度不平衡和互动周期较长的现象，这在一定程度上降低了师生之间互动交流和学习反馈的效率。一方面说明高校学生网络心理健康课程的教学内容与教学方式需要调整与优化，另一方面说明网络课程平台需要开发与建设更多的功能。

表3-18 高校学生网络心理健康课程效果评价

评价	频数/人	百分数/%
很好	72	14.23
比较好	211	41.70
一般	166	32.81
比较差	57	11.26
很差	0	0
合计	506	100

表3-18显示了参与网络心理健康课程的受测高校学生对课程效果的评价。其中，14.23%的学生评价“很好”，41.70%的学生评价“比较好”，即有55.93%参加过高校学生网络心理健康课程的受测学生对课程效果给出了积极评价，可见，大部分受测学生对网络心理健康课程持有欢迎、感兴趣的积极态度。从数据分析结果来看，有部分学生反映参与的网络心理健康课程效果比较差，这与网络课程平台、网络技术的操作、学生的兴趣、课堂管理等方面都有关系。高校学生网络心理健康课程处于技术探索与发展的阶段，通过收集和整理参与网络课程的高校学生的反馈意见，可以为网络心理健康课程的建设提供参考。

第三节　高校学生网络心理健康课程现状的问题分析

一、网络心理健康的课程内容安排较少

通过问卷调查结果可知，虽然受测学生所在的高校都开展了心理健康课程，在态度上对心理健康也表现出了足够的重视，但是从受测学生参与网络心理健康课程的内容安排情况来看，有一半以上的受测学生表示参加的网络心理健康课程没有安排关于网络心理健康的课程内容。网络信息技术的发展改变了人们的生活工作习惯，网络环境已经成为高校学生社会环境中的一部分。高校学生在通过网络技术手段获取和交流信息的过程中，会不可避免地受到来自网络环境的影响，若是不及时加以教育或引导，会增加高校学生网络成瘾、认知交往障碍等网络心理健康问题发生的可能性。通过线下课堂教学的方式确实能够通过安排相关教学内容，来传播网络心理健康方面的知识与技能，从理论层面指导高校学生正确上网，减少来自网络的消极影响。但是相比网络课程，学生在课堂教学空间中缺少了对网络环境本身的体验，单纯通过知识的学习是难以让学生产生足够深刻的印象的，学习效果达不到理

想状态。

网络背景下高校学生心理健康课程的实施需要相应的网络信息技术支撑，对教学媒体、学习工具等要素提出了进一步的要求。对网络工具的使用不仅仅是单纯的技术层面的运用，正如网络课程所蕴含的特点一样，其是学科、技术、文化三个方面的有机结合。高校学生参与网络心理健康课程，是心理健康专业知识的学习、网络信息技术的使用、网络文化内涵的体验三者同时进行的，是在网络空间的情境中体验、学习的过程，是学生树立网络心理健康意识、培养良好上网习惯的有效途径。调查还发现，大部分受测学生都意识到了网络心理健康课程的重要性，并对网络心理健康的课程内容表现出了兴趣。可以看出，高校学生对网络工具的使用以及网络课程都持有积极的态度，以此为契机，安排网络心理健康相关的课程内容，满足学生群体需求，是网络背景下高校学生心理健康课程的建设方向之一。

二、课程教学内容安排不全面

在课程设置方面，调查结果显示，中国大学MOOC平台提供的高校学生心理健康课程资源所包含的课程内容是符合高校学生心理健康教育对学生的培养要求的，贴合了传授学生心理健康专业知识、指导学生解决心理健康问题、促进学生心理素质提升的课程目标。分析网络课程资源中高校学生心理健康课程的内容设置情况，发现课程的设置以及教学内容的安排是不够完善的。调查结果显示，更多的网络心理健康课程会提供情绪管理、人际交往、人格发展等内容，从问题解决的角度理解，这样的课程内容安排从高校学生的生活环境与常见心理问题出发，来教育和指导学生如何解决心理问题，传授发展心理素质的技能，这样的内容安排贴合实际生活环境，容易满足学生解决心理健康问题的需求，但忽视了心理健康专业知识以及心理咨询相关内容的普及。高校学生心理健康课程与专业的心理学课程有较大差别，心理健康课程涉及心理学的专业知识，虽然心理健康课程要避免教学内容过度理论化的倾向，但是这并不代表心理健康的专业知识应该避免在教学内容中出现。作为心理健康课程目标之一，适当的专业知识理论学习才能为实践过程打下良好基础，这个过程应该是循序渐进的。技能的学习教会学生如何正确行动，专业知识理论的学习除了教会学生如何正确地判断，还向学生展现了事物发展的方向，对高校学生心理素质的提升能起到指向性作用。高校学生心理咨询与心理危机干预相关的课程内容同样发挥着重要作用，心理咨询与心理危机干预工作是高校学生管理工作的一个重要部分，也是开展心理健康教育的重要形式。将高校学生心理咨询与心理危机干预作为心理健康课程的内容安排到教学中，是心理健康课程与心理健康教育工作相互促进的有效方法，能够帮助学生了解高校心理健康教育工作，消除学生对心理咨询的疑虑，鼓励学生在遇到心理问题时主动求助。

高校学生网络心理健康课程实施过程中，还存在着课程教学内容安排没有体现网络环境特点的问题。调查结果显示，27门高校学生网络心理健康课程中，只有5门课程安排了网络心理健康的内容，体现了课程教学内容不够完善的问题。网络心理健康的内容涉及网络环境下的心理健康标准、网络心理健康意识、网络人际交往、网络心理障碍防治等内容，在指导学生如何正确使用网络，如何在网络环境中学习生活并保持心理健康状态，通过使用网络工具主动学习，提升心理素质方面起到重要的教育作用。对网络心理健康的内容呈现不足是对网络课程教学情境的忽视，是对网络学习工具认识不足、利用不完全的表现，对于这种现象，应该完善相应的课程教学内容安排，实现对网络工具更有效的应用。

三、教学形式与方法选用不够丰富

通过对中国大学MOOC平台的课程设置的调查可以发现，高校学生网络心理健康课程所呈现的教学形式与方法是比较模板化和单一化的。在教学形式方面，被调查的课程都是通过设置观看视频和浏览文档资料的形式呈现的，虽然其中大部分课程还会设置课堂讨论环节来丰富课堂教学内容，即便如此，相比线下课程教学可以采用体验式教学法、团体辅导训练法等教学形式与方法，网络心理健康课程所使用的教学形式与方法显得过于单调。网络课程的实施需要依靠网络平台，网络平台本身所具备的功能又会影响到课程实施过程的各个方面，进而影响到课程效果本身。很多课程效果良好的教学方法如体验式教学法、团体辅导训练法，都需要在线下空间教师与学生面对面的情境下才能发挥更好的效果，无论是录播视频还是直播课，网络课程的实施都是在网络的背景下发生的，网络质量、网络设备等因素都会使网络课程的视听感受相对于线下课程的体验呈现出碎片化与不连贯的问题，进而导致许多教学形式与方法不能发挥良好的效果。即便如此，接受调查的高校学生网络心理健康课程从完善教学模式本身的角度为视频资料设置了弹出式的客观题作为课堂管理的方法，模拟了教师在教学过程中对学生进行提问的环节，保证了知识讲授法在网络空间能发挥应有的效果。

受测学生对教学方法的态度倾向的调查结果显示，目前高校学生对网络心理健康课程所采用的教学方法反响平平，对于教学方法，受测学生群体表现出了希望丰富网络心理健康课程教学方法的态度倾向，对案例讨论法与体验式教学法有更强烈的需求。

四、考核形式单调与固化

高校学生网络心理健康课程考核形式的调查结果显示，大多数网络课程在考核上的设置都是单元测试与期末测试的形式，通过回答客观题来确定课程学习的成绩。通过对受测学生在课程考核形式上的调查，发现多数受测学生参与的心理健康课程都是通过考查出勤情况以及考试的方式来进行考核，呈现出单调与固化的情况。客观题测试虽然能帮助高校学生巩固心理健康知识，提醒学生面对心理困扰或问题时应该采取的做法，但是对学生现实生活情境的针对性低、指向性弱，容易变成类似于常识题的问答，产生知行不一的情况。对学生的考勤只能判断学生对课程的态度与重视程度，因此，仅仅通过考勤来确定一个学生的心理素质是否提升是不严谨的。高校学生心理健康教育不具备选拔的性质，其教育目的是有效提高学生的心理素质，对课程学习过程的考核一方面是为了使教师能够对学生目前的课程学习状态有更好的了解，另一方面也是帮助学生能够对自身的情况有更好的了解，因此发展性评价与情境性评价应该更多地用于高校学生网络心理健康课程的考核中，结果性评价应该更多地用于对评价的补充，使评价的方式更加多元化。调查结果显示，中国大学MOOC的课程资源中有部分心理健康课程将教师评价与学生互评作为考核形式，学生根据主观题提出自身的看法，教师能够从更加专业的层面来评价学生通过课程学习所获得的改变与成果。学生之间的互评，无论是对其他同学的评价还是接受来自其他同学的评价，两个过程都能使高校学生对自身的课程学习效果有更加清晰的认识。相互评价的过程也是对网络交流的深刻体验，对高校学生养成良好的网络使用习惯有积极作用。

五、学生对课程效果评价不高

通过受测学生对网络心理健康课程的效果评价的调查结果的分析发现，受测学生对课程效果的评价不高，评价“一般”的学生占据了相当大的比例，“一般”的评价比较模棱两可，既可以解释为受测学生对网络心理健康课程的体验没有留下深刻的印象，也可以解释为高校学生在课程学习的过程中对自身认知的变化和心理素质的提升没有产生明显的感受，对自身的学习过程与学习效果没有清晰的认识。但值得注意的是，关于高校学生网络心理健康课程对比线下课程态度倾向的调查结果显示，许多参与了网络课程的受测学生表示相比线下课程，网络课程能够更准确地评估学习效果。根据调查结果可知，客观题测试是网络课程常用的考核形式。课程成绩给予了参与课程的学生进行学习效果评价的依据，虽然课程成绩并不能完全反映出学生心理健康与心理素质的水平，但是课程成绩使课程效果本身可视化了，对比考勤与报告书写，能够更加直观地显示学生的学习成果，更符合高校学生进行各种专业科目学习的思维习惯。心理素质体现在高校学生的校园学习生活的表现中，单纯的客观题测试是无法对心理健康课程的效果进行全面评价的。

第四节 高校学生网络心理健康课程现状的成因分析

一、课程设置不够完善

课程设置决定了教学内容、教学活动的形式、考核形式等多个方面，很大程度上影响着课程实施的效果。从对高校学生网络心理健康的调查研究中可以看出，接受调查的网络课程在课程教学内容的设置上是有所侧重的，对高校学生心理健康专业知识内容以及心理咨询相关内容的安排相对较少，课程内容设置不平衡。通过调查还发现，大部分网络平台开展的心理健康课程中，并没有安排与网络心理健康直接相关的课程教学内容，可以看出，部分教师在网络平台上进行课程设计时，单纯将网络视作课堂教学的空间及工具，没有意识到网络工具的使用以及网络环境对心理健康水平的影响。高校学生心理健康课程在网络背景下有着更加丰富的内涵，网络信息技术改变了学生的生活习惯，对学生所处的社会环境也产生了影响，这并不是学生身处校园内部就能改变的。减少网络对高校学生心理健康的消极影响，在减少学生网络心理问题发生的同时，教育与指导学生通过正确认识网络对心理素质的影响，正确使用网络，发挥网络的优势，更有效地提升高校学生心理素质，是实施高校学生网络心理健康课程的目的之一。因此，仅仅将高校学生心理健康课程的内容转移到网络上，通过网络课程的形式进行教学，忽视了网络心理健康的内容，在课程内容设置上是有所欠缺的，会影响课程实施的效果。

课程设置不够完善也是课程教学内容不全面的原因之一。对高校学生网络心理健康课程的课时与学时的调查结果显示，有的网络课程安排5周到10周的课时进行教学，面对大量的课程内容，需要通过削减视频时长、减少教学内容等方式来保证课程教学进度，对课程内容泛泛而谈，进而导致课程的实效性受到影响。

二、课程教学模式与网络教学工具的磨合程度不足

通过学者们的研究与探索，高校学生心理健康课程在线下课堂教学中有许多效果良好的教学方式可以参考。但是，体验式教学法、团体辅导训练法等方式在网络环境下难以实施。体验式教学法需要学生通过对情境的体验来实现情感上的感受与认知上的改变，对教学环境、师资、教学空间、体验的流畅性等方面都有较高的要求，这种条件在网络课程中是难以实现的。即便是通过网络技术实现的线上面对面教学，也缺少如眼神交流这种在线下课程中非常常见的交流形式，影像传递的表情、神态等信息也会因为影像质量以及网络质量等原因大打折扣。丰富的教学资源、快捷的资源传输、开放的交流心态，是网络环境给予网络课程的优势，但是体验的流畅性、交流的准确性、交流形式的多样性是需要通过网络工具或网络平台的建设与优化来逐步提升的。部分教学方法由于其自身的特点，目前与网络工具缺少磨合，无法实现在网络课程中的应用，是造成高校学生网络心理健康课程中教学方法不丰富的原因之一。

心理健康课程教学模式在建设与发展的过程中，混合式教学模式和翻转课堂教学模式在网络课程的实施中有着广泛的运用。在对功能的定位方面，翻转课堂教学模式对网络课程与线下课程的教学目标有明确的定位，网络课程充分发挥网络工具的作用，让学生能接触到丰富的教学视频资源，线下课程发挥教师的指导作用，教师通过解答问题，指导学生主动学习、合作学习，发挥学生主体性。因此，在翻转课堂教学模式中，网络课程是整个课程实施体系中的一小部分，在网络空间上的教学形式往往比较单一。网络课程设计者的观念以及使用习惯也会影响教学模式在网络空间上的表现，本书对中国大学MOOC上的高校学生心理健康课程的参与人数进行了统计，调查结果显示，27门网络课程中有15门课程的参与人数达到了1万人次以上。但是通过对这些课程的评价模块进行调查，发现参与课堂交流以及教师答疑的人数并不多，不少与课程相关的话题讨论只有寥寥几条。可以看出，平台的课堂交流模块在高校学生网络心理健康课程实施中利用率并不高，这有可能是因为平台交流效率低造成的。有的课程在教学活动中专门设计了课堂讨论模块，

并设置了客观题测验之外的考核形式，说明有的课程设计者也在通过对网络课程平台功能的摸索与使用来磨合教学模式与网络工具之间的适配性。

三、网络课程的教学评价模式不健全

调查研究发现，高校学生网络心理健康的考核形式多为客观题测试，呈现出机械、单调的特点。一方面是因为测试与考试作为常用的学习评价方式，在各个学科的教学过程中都有广泛的使用，用于评价心理健康课程的学习效果也存在一定的参考价值。但另一方面，专业知识的学习只是高校学生心理健康课程目标的一部分，单一的测试与考试并不能完全反映课程目标是否有效达成。有研究者指出，高校心理健康课程的学习评价体系应该包括对考勤、课堂表现、网络自主学习、小组合作表现、实践性活动等教学活动过程的考察等内容，以此实现综合性评价。在网络课程的情境中，以上的教学活动过程的表现形式是有所不同的，比如考勤、课堂表现在网络课程教学中应该通过什么方式来观察与评价，小组合作表现、实践性活动又应该如何通过网络工具在网络课程中进行组织与实施，这对课程设计者与网络课程平台本身都是挑战。

高校学生网络心理健康课程的教学评价并非单纯地将已有的教学评价模式转移到网络空间上，对学生信息处理能力的评价在网络学习的情境下也是比较重要的，包括评价学生在信息收集加工、网络参与技能、信息发布技能等方面的表现。调查研究的结果显示，高校学生网络心理健康课程的现有教学评价模式是不健全的，而有一部分课程通过教师评价与学生互评的方式，对网络心理健康课程的教学评价模式建设进行了尝试与探索，对健全高校学生心理健康课程在网络背景下的教学评价有着重要的促进作用。

课堂管理不仅体现在对学生的组织与监督上，也体现在对学生的激励与指导上。课堂环境的建设是课堂管理的方式之一，通过建立规范来进行管理，在线下课程教学的情境中，教师对学生的观察本身就是一种有效的课堂管理方式。网络课程是在网络虚拟空间里进行的课堂教学，无论是观看录播的教学视频还是线上的面对面授课，教师对学生学习状态的监督与管理都是很有限的。教师对学生实时状态的观察需要依靠摄像头以及网络影像传输来实现，无法做到线下课程教学情境中对学生的行为及时察觉并进行提醒的课堂管理行为，建立规范并进行监督管理的方法在网络课程教学情境中的限制较多，实施难度大。课堂环境的建设可以使学生更好地进入学习状态，但在网络课程的情境下，规范的弱化以及网络环境所具有的开放性特点可能会影响学生对网络课程教学活动本身的感知，导致学生需要更长的时间来进入学习状态，降低了学生学习的效率。另外，在网络课程的情境下，课堂交流与互动的方式、效率与线下课程的情境相比是大不相同的。在网络课程教学中，课堂交流与互动需要依靠网络教学工具来进行，可能存在信息交流不及时、不准确的情况，进而影响课程学习效果。对于这种情况，中国大学MOOC平台提供了在教学视频中设置弹出式客观题的功能，对客观题的回答情况会直接影响视频观看进度本身，这一功能可以减少“刷课”现象的发生，对学生的学习状态起到了一定的监督作用，是网络课程中常用的有效进行课堂管理的方式之一。但这种方式对学生并不能起到激励作用，是一种刻板的管理方式，产生的管理效果是有限的。如何更有效地对网络课程实施课程管理，也是高校学生网络心理健康课程建设的问题之一。

第四章　高校网络心理健康课程的理论依据

第一节　网络心理健康课程的指导理论

马克思主义是时代精神的精华，是科学的世界观和方法论，是个人行为的最高调节器，它指导着个人的整个心理面貌的形式。因此，网络心理健康教育必须以马克思主义为指导。

一、马克思主义关于社会存在与社会意识关系的理论

1. 马克思主义关于社会存在与社会意识关系的原理

马克思主义认为，整个社会现象归结起来可分为社会存在和社会意识两大类，它们是社会生活的两个方面。社会存在是指社会生活的物质基础，社会意识是指人们对一切社会生活过程和条件的主观反映，是社会生活的精神方面。社会心理也属于社会意识的一部分。社会存在决定社会意识，有什么样的社会存在，就有什么样的社会意识与其相适应。社会意识的传播也要通过一定的物质手段才能进行。同时，社会意识对社会存在也具有反作用。

2. 社会存在与社会意识关系的理论对高校学生网络心理健康教育的指导作用

（1）高校心理健康教育工作者要迅速占领网络阵地。马克思主义认为，社会意识是对社会存在的反映，社会意识的传播需要通过一定的物质手段才能进行。网络就是一种新的物质力量和传播手段，是一种在现代条件下认识世界、改造世界的新武器和新手段，是一种新的生产力，是一种崭新的、强大的社会存在。这种新的社会存在为社会意识的传播提供了强大的物质手段，是传统传播手段所无法比拟的。因此，网络时代心理健康教

育工作者要迅速占领网络阵地，积极开创新时期心理健康教育工作的新局面。

首先，要加强网络心理健康教育的硬件、软件建设。一方面高校应重视网络心理健康教育，加大资金投入力度，着手建立心理教育教学网站，不断开发心理教育教学软件，并加强对信息网络的监控和管理，为网络心理健康教育的开展提供一个良好的硬件环境平台。另一方面高校应重点培养一批高素质的网络心理健康教育工作者。其次，在网上开展高校学生网络心理健康教育，一是建立心理健康教育网站，在网上开设心理健康教育课程；二是进行网络心理辅导和咨询，及时解决高校学生产生的心理问题。

（2）心理健康教育工作者要从实际出发，全面了解高校学生网民的心理状态。要做好网络心理健康教育工作，首先必须对教育对象的心理状况有全面的了解。由于社会意识形成和发展的基础是人们所处的社会生活条件。因此，要了解高校学生的思想心理状况，就必须从他们所处的社会生活条件出发。网络时代下的高校学生生长在虚拟社会和现实社会的互动中，其心理行为的发展变化受到虚拟社会和现实社会的双重影响。所以，我们必须从虚拟社会和现实社会出发，了解高校学生网民的心理形成发展的规律，并用之来指导网络心理健康教育实践。

（3）心理健康教育工作者要科学认识和解决学生网络心理问题。网络是一种新的社会存在，网络社会与现实社会相比具有跨时空互动性、去中心化、信息共享，以及沟通中的过滤性、兼容性、开放性和自由性等特性。而社会存在决定社会意识，网络中客观存在的消极因素给许多识别力不强、自我控制能力较弱的高校学生造成了心理上的负面影响，引发了网络心理问题。但社会意识也具有反作用。高校学生网络心理健康教育的一个重要方面就是高校心理健康教育工作者运用网络技术，以多种方式如开设网上心理健康教育课程、在线辅导和咨询的整体配合，为学生网络心理问题实施在线治疗等，帮助解决高校学生网络心理健康问题。同时，网络心理健康问题的解决，需要网上心理健康教育与网下心理健康教育相结合。

二、马克思主义关于人的本质理论

人的本质理论也是马克思主义理论的重要组成部分。

1. 马克思主义关于人的本质理论的内容

马克思主义认为，人的本质是一个多层面的统一。第一，人作为自然存在物，具有其自然本质，即我们的先哲们揭示的“生性”。第二，人是一切社会关系的总和，这是人的社会特质，即现实的本质。马克思非常注重用社会的观点、实践的观点来理解人的本质。他作出了人的本质是“一切社会关系的总和”的科学论断。这一论断实现了对人的本质的理解上的个性与共性、个体与社会的统一。第三，实践主体性是人之所以为人的根本特质，即类本质。马克思认为，既能和动物根本区别开来，又能使人成其为人的内在根据，是人的自由自觉的创造性活动，即劳动、实践。劳动、实践是人区别于动物的类本质或一般本质，这是因为劳动创造了人本身，形成了人的各种属人的本性。同时，劳动实践实现和完善着人的本质。劳动实践尤其是生产劳动，是人区别于动物的根本标志。

马克思主义认为，人的本质是稳定性与发展性的统一。人的本质，在不同的社会经济时代，有其共同的一般特征，人具有自然性、社会性和实践性，这就是其一般特征。同时，人的本质的表现是随着社会关系的发展而发展变化的。不同社会形态下的人的社会关系各不相同，即使在同一社会形态下，人们之间的社会关系也会发生变化，人的本质也有着不同的表现，所以，马克思说：“整个历史也无非是人类本性的不断改变而已。”因此，人的本性是一般性与特殊性的统一。20世纪后半叶，伴随以信息技术为核心的高新技术的迅速发展，人类社会进入网络时代。在网络信息时代，人的本质具有一些新的表现。

第一，在网络时代，人的主体性得到延伸。主体性主要包括能动性、自主性、创造性和自为性。网络时代，出现了新的实践方式——虚拟实践。在虚拟实践中，人的主体性得到空前的凸显。一方面，能动性和自主性得以极大提升。在网络虚拟空间中每个人都可以根据自己的价值取向，自由地选择实践活动的目标和内容，每个人都能够以独立的主体身份操作，都能平等地享有充分的主体性地位。另一方面更为重要，在这自由的空间里，主体可以充分发挥自己的才智，人的创造性和超越性的类本质被淋漓尽致地展现出来。

第二，网络时代人的本质表现为现实社会关系和网络社会关系的统一。在网络时代，人们生长在虚拟社会和现实社会的互动中，人不仅是现实社会关系中的人，而且由于人们通过互联网进行广泛的政治、经济、文化活动，每一个人都成为互联网中的网员。这样，互联网就成为人与人之间普遍联系的媒介与载体，成为社会关系的物化形式。人的社会关系的本质就在一定程度上以互联网的物化形式表现出来，人也就成为社会互联网中的网络人。同时，网络社会中的交往，彻底地打破了传统的血缘、业缘、地缘空间，大量陌生的，不同地域、不同行业、不同种族、不同肤色、不同语言的人，实现了随时随地、自由自在的交往，从而丰富和扩展了人们之间的社会关系。

第三，在网络时代，人的内在本质突出地表现在对知识、信息的需要上。网络时代，由于生产效率的提高，人们无须把全部时间都花费在物质资料的生产上，而是腾出一部分时间去从事物质生产以外的科学、艺术等活动，并在更高层次上提出了精神文化的需求。突出表现为人们对知识、信息的迫切需要。网络时代是高科技的时代，是知识和信息的时代。科技更新越来越快，知识膨胀速度和信息陈旧速度也越来越快。这就使人们对知识、信息的需求越来越大、越来越强烈、越来越紧迫，而且，人们迫切希望凭借互联网等手段，以最快的速度、最短的时间，获得自己所需要的最大量的信息与知识。

2. 马克思主义关于人的本质的理论对网络心理健康教育的指导作用

（1）马克思主义关于人的本质的理论表明应当开展网络心理健康教育。

人的本质理论和高校学生心理健康教育存在着密切的关系。

首先，网络心理健康教育是人的本质的内在要求，必须积极开展网络心理健康教育。根据人的自然性，人要受自然规律的影响，具有各种各样的需求。而在网络时代，突出表现为人对追求知识、信息的需求，因此，应当根据人的需求的变化状况实施网络心理健康教育。

其次，人的社会属性表明开展网络心理健康教育是可能的。在网络时代，人的社会本质表现为现实社会关系和网络社会关系的统一。人们通过互联网与外界（包括与人）进行广泛交往，在网络空间与人进行广泛接触和沟通，交流思想和感情。这就决定了开展网络心理健康教育成为可能。

最后，开展网络心理健康教育是有效的。网络心理健康教育作为一种新型的心理健康教育方式，本身就是一种实践，这种具体实践活动能使人更具社会化。这就说明开展网络心理健康教育会是有效的，应当开展网络心理健康教育。

（2）进行高校学生网络心理健康教育必须从现实与虚拟的角度准确把握学生心理健康现状及成因。

在网络时代，高校学生所面临的心理问题更多。一方面，传统的心理问题仍然存在；另一方面，网络导致高校学生产生新的、更复杂的心理问题，这些问题主要表现在以下几个方面：认知混乱，人格障碍，自律弱化，交往障碍，情感异化，网络综合征，等等。在网络时代，高校学生生活在虚拟社会和现实社会的互动中，其身份人不仅是现实社会关系中的人，而且是网络社会关系中的人。只有从现实社会和网络社会相结合的角度才能准确把握高校学生心理健康的现状及成因。

从高校学生心理问题存在的现实原因来看，既有客观因素，也有主观因素。社会环境、家庭、遗传因素、文化氛围、学校影响等是学生心理问题存在的客观因素。个性特点、价值观及其冲突以及学生所处的心理发展阶段等是学生心理问题存在的主观原因。

而从虚拟世界方面来看，虚拟世界的一些特点，如匿名性、便利性、超时空性和逃避现实性等也是高校学生心理问题尤其是网络心理问题存在的重要原因。

（3）实践的主体性要求我们开展网络心理健康教育应当发挥人的主体性，构建网络主体性心理健康教育模式。

首先，应当以学生的需要为出发点，引导高校学生树立正确使用网络的观念和掌握疏导、调节网络心理问题的正确方法。

其次，充分发挥高校学生在网络心理健康教育中的主体作用。心理健康教育工作者应“以求助者为中心”，引导他们自我探索、自我发现、领悟自我，充分发挥学生自身、学生同辈、学生群体在网络心理健康教育中的主体作用，使他们能够自觉、自主地适应新的情况，处理新问题，不断提高自身的心理素质。

最后，在遵循交互性的基础上坚持“主体间性”原则。主体间性是指主体与主体之间发生的一种相互影响的关系。真正的主体只有在主体之间的交往关系中，即在主体与主体相互承认和尊重对方的主体身份时才可能存在。网络心理健康教育应充分发挥网络具有交互性特点这一优势，遵循交互性的原则，加强教育者与被教育者双重主体之间的互动。

三、马克思主义关于人的全面自由发展的理论

1. 马克思主义关于人的全面自由发展理论的内容

马克思主义认为：所谓人的全面发展，就是人以一种全面的方式，也就是作为一个完整的人，占有自己的全面的本质。全面发展，是要使“每个人”“任何人”即“全体社会成员”都普遍地得到发展。就其广度和深度来说，人的全面发展主要包括：体力和智力的充分自由发展运用、人的才能多方面发展、个人社会关系的高度丰富和发展、人的道德品质和美的情操高度发展。

所谓人的自由发展的内涵，就是“人终于成为自己的社会结合的主人，从而也就成为自然界的主人，成为自身的主人——自由的人”。

人的全面而自由的发展理论不是“人的自由发展”“人的全面发展”的简单相加，二者之间有着内在紧密逻辑联系，是一个不可分割的有机整体。

2. 马克思主义关于人的全面发展理论对网络心理健康教育的指导作用

（1）为促进学生的全面发展。高校教育应是全面发展的教育，包括德育、智育、体育和美育全面发展。网络心理健康教育是全面发展教育的重要组成部分，应当重视网络心理健康教育。同时，网络心理健康教育应当注意高校学生心理的全面发展，心理要素中的“知、情、意、行、个性”都要协调、全面发展。

（2）构建我国高校学生网络心理健康教育体系必须坚持社会的发展、学

校的发展为学生全面而自由的发展创造条件。

3. 科学发展观与社会和谐发展的理论

在党的十七大上，胡锦涛总书记代表党中央全面阐述了科学发展观。他指出："科学发展观，第一要义是发展，核心是以人为本，基本要求是全面协调可持续，根本方法是统筹兼顾。"①在党的十六届六中全会上通过的《中共中央关于构建社会主义和谐社会若干重大问题的决定》中全面阐述了我国构建社会主义和谐社会的理论，社会和谐是中国特色社会主义的本质属性，是国家富强、民族振兴、人民幸福的重要保证。

以科学发展观及促进社会和谐发展的理论为指导构建我国高校学生心理健康教育体系。

第一，应当积极开展网络心理健康教育。高校学生心理健康教育对促进社会和谐发展具有重大作用，应当高度重视高校学生心理健康教育。而发展作为科学发展观的第一要义，从发展的角度来看，高校学生心理健康教育也应该与时俱进，即在网络时代，应当利用网络开展网络心理健康教育。

第二，以学生为本，开展网络心理健康教育。科学发展观的核心是以人为本。坚持科学发展观，就要坚持将以学生为本的教育理念贯穿于高校开展网络心理健康教育的全过程。

第三，必须坚持社会主义核心价值体系在高校学生网络心理健康教育与心理咨询中的引导作用，深入探讨高校学生"心理和谐"的标准，研究具有中国特色的关于人文关怀和网络心理疏导的理论和方法，进而提高高校学生网络心理健康教育的实效性。

第二节　网络心理健康课程的基础理论

网络心理健康教育要以心理学理论，思想政治教育及心理健康教育的理

① 胡锦涛. 高举中国特色社会主义伟大旗帜，为夺取全面建设小康社会新胜利而奋斗[R]. 2007-10-15.

论为基础。

一、心理学的相关理论

1. 普通心理学关于知情意行相联系的理论

（1）知情意行相联系的理论。

知情意行相联系的理论对心理学研究基本对象的确立，即心理学将人的心理过程各要素纳入其研究视野。心理学把人的心理过程按其性质与功能的不同，分为认识过程、情绪情感过程和意志过程，不但研究了这三大过程的构成要素、特点、功能和运行机制，而且研究了它们之间的内在联系，认为它们将通过人的行为表现出来。这一理论科学揭示了心理学研究的基本对象——人的心理过程的形成，发展和运行的规律，它应该成为高校学生网络心理健康教育与咨询的心理学基础理论。

（2）知情意行理论运用的全面性与侧重性。

现代心理学的繁荣和进步是有目共睹的，但存在的问题和困境也是显而易见的。在心理学创立之时，学科内部至少存在着四种不同的研究取向或研究方式，即以冯特、艾宾浩斯、铁钦纳等为代表的以意识内容为研究对象，采用实验内省研究方法的模式；以布伦塔诺为代表的以意识活动为研究对象的非实验研究模式；以弗洛伊德、荣格为代表的以潜意识为研究对象并使用临床方法的模式；以高尔顿、詹姆斯为代表的以适应行为为研究对象的应用研究模式。而西方心理治疗的各大流派也只注重心理过程或个性心理的某一方面的研究和治疗。如精神分析学派只注重潜意识的研究和运用自由联想的分析治疗方法；行为主义学派只注重人的行为研究而忽视认知情感和运用行为疗法的治疗方法；人本主义学派只注重人类本质的完整性和个体内部的主动机制及人际关系状况，采取以患者为中心的治疗方法。这些心理治疗理论在一定范围内都具有合理性，其心理治疗实践也不乏成功的范例。然而唯物辩证法告诉我们，真理一旦越过界限就会变成谬误。当他们试图对人的行为和社会性作出根本性的说明并进而指出人类发展的方向时，当他们片面地强调某一个侧面而忽视其他方面时，他们都体现出不可克服的内在矛盾和缺陷。

因此，我们在借鉴西方心理学理论与方法时，一定要以辩证唯物主义作指导，注意知情意行理论运用的全面性与侧重性。进行高校学生网络心理健康教育与咨询既要注重心理要素的全面性，又要根据不同对象的实际和不同教育目标、内容要求，从心理要素不同端口切入，注重侧重性。

全面运用知情意行理论进行高校学生网络心理健康教育，首先要创新“知”的心理健康教育内容。要将社会主义核心价值体系教育纳入新形势下的心理健康教育内容，培养高校学生正确的世界观、人生观、价值观，使他们的智力因素和非智力因素、专业知识与思想品德、身心素质能充分发展、和谐统一。其次要重视“情”的独特作用。生理学与心理学的研究表明，情绪、情感已不仅仅是认知活动的伴随状态和心理过程的副现象，而且在个体道德与心理素质形成过程中日益显现出独特的作用。情感的选择性功能、动力功能和移情功能是个体行为的心理基础。健康的心态是形成健全人格的良好起点，必须加强对学生情感的培养。再次要增强“意”的自律性。意志在主体道德观形成、善恶真伪的自由选择方面有很大的作用。必须通过长期艰苦的努力进行意志的磨炼。同时，科学进行挫折教育也是很有必要的。最后要强化“行”的实践性。要使心理健康的知识和心理调适的方法不仅仅停留在口头上，而且要落实在行动上，并逐步变成心理健康教育对象的行为习惯。必要时通过行为培养与训练来培养健康行为，矫正不良行为。进行高校学生网络心理健康教育时运用知情意行理论时要注重侧重性，是指我们应根据不同对象的实际和不同教育目标和内容要求，从心理要素不同端口切入，运用不同的方法，帮助高校学生提高心理素质，解决心理问题。这就要求我们首先要了解教育对象的实际，了解他们的个性特征，准确判断他们存在的心理问题。其次要熟悉各种心理学理论和心理咨询与心理治疗的知识与技能，明白它们的优势与缺陷。最后要根据不同教育目标和内容的要求，针对教育对象的实际，选准切入点，选择恰当的教育、咨询、调适方法，并根据效果进行方法的调整。

2. 人本主义心理学理论

（1）人本主义心理学理论的主要内容。

人本主义心理学兴起于20世纪五六十年代的美国，代表人物是马斯洛和罗杰斯。其主要内容是马斯洛的自我实现理论和罗杰斯的人格自我实现理论、以人为中心的心理治疗方法以及以学生为中心的教育观。

①马斯洛的自我实现理论。

马斯洛以提出“需要层次”理论而著称。他认为人类价值体系存在两类不同的需要，一类是指沿生物谱系上升方向逐渐变弱的本能或冲动，称为低级需要或生理需要。另一类是指随生物进化而逐渐显现的潜能或需要，称为高级需要。人的需要由低到高包括生理需要、安全需要、归属与爱的需要、尊重需要、认知需要、审美需要、自我实现的需要七种。只有在低级的需要得到满足之后，较高级的需要才能得到满足，而最高层次即创造自由的需要得到了满足，就使人达到了自我实现的境界，也就是充分发挥了人的潜能。

马斯洛总结出了自我实现者心理的主要特征：他们能够接受自己与他人、具有自主性和创造性、超然独立的特性与离群独处的需要、高峰体验强度大且出现次数多。按照马斯洛的理论，高峰体验既是自我实现者重要的人格特征，又是达到自我实现的一条重要途径。关于人的自我实现的途径，马斯洛认为关键在于改善人的“自知”或自我意识，使人认识到自我的内在潜能或价值。

②罗杰斯的主要观点。

第一，人性发展中的建设性方向理论。罗杰斯认为人性发展的基本倾向是建设性的，他把这种方向叫作“造型倾向”。罗杰斯认为，任何生命都是一种主动的过程，无论刺激来自体内或体外，无论环境有利或不利，生命机体的行为都是沿着保持、扩展或繁衍自身的方向演进。这是生命过程的本性，是在一切时刻都起作用的倾向。这种倾向就是生物有机体的自我实现过程。这一过程可能受到阻挠、歪曲，但它不可能被毁灭，除非生物体自身被毁灭。

第二，人具有对美好生活的追求的本性。罗杰斯在心理咨询和治疗中有一种深刻的感受，那就是对人的本性的理解。深刻理解人的本性能在病态和健康之间架起桥梁。他认为，在病态和健康之间并不存在断裂的鸿沟，患者虽有心理障碍，但并没有放弃追求对美好生活的奋斗。罗杰斯所说的美好生活有着这样一些特征：一是对经验采取日益开放的态度，二是更加重视现实的生活，三是对自身机体不断增进的信赖。

第三，良好人际关系的原理。罗杰斯认为，人的许多变态行为和疾病的产生，主要是因为不适当的环境使人的潜能不能发展或向歪曲的方向发展。在这些不适当的环境因素中，最重要的是人际关系。因此，治疗成功的关键是为患者提供一种良好的人际关系。罗杰斯提出了良好人际关系的三项原理，它们是倾听、真诚、给予爱和接受爱。

第四，人格发展中的自我理论和“以人为中心”的治疗。罗杰斯理论中的“自我”概念与精神分析学中的“自我”含义是不同的。它不是指某种心理发展的动力，而是指对自己心理现象的知觉、理解和评价，是个人意识到的自我。但一个人对自我的看法并不一定与自己的实际情况相符，低估自己会使人自卑，高估自己会使人自傲。罗杰斯还提出“理想自我”的概念，这是个人所希望的自我形象，在自己心目中有很高的价值。理想自我和真实自我之间差距的大小能够作为衡量一个人心理是否健康的指标。二者差距太大会使人焦虑不安，二者差距的缩小会使人感到幸福和愉快。怎样形成健康的自我呢？罗杰斯认为这与儿时能否得到积极的关注有关。关怀、爱抚、同情、认可、尊重、喜爱一类的态度会使儿童感到温暖和满足，儿童天真和真实的自我就能得到表现，健康的自我概念容易形成。反之亦然。自我的协调一致是心理健康发展的关键，自我不协调会导致焦虑、自卑或对人敌视、恐惧等适应不良的状态。心理治疗的宗旨就是把不协调的自我转变为协调的自我。但怎样才能达到这一目标呢？罗杰斯认为关键是治疗过程中的气氛，治疗者对患者的态度应做到三点：一是真诚相待，二是无条件地积极关怀，三是设身处地地理解患者。

人本主义心理学家不同意精神分析学只研究不正常的人——精神疾病患者，而忽视对健康人积极心理品质的研究，也反对行为主义心理学把人当作“一只较大的白鼠或一架较精的计算机”的机械论观点，主张心理学和心理治疗的研究应以人为中心。因此，人本主义治疗又称为以人为中心的治疗。它充分相信人的潜能和主观能动性，强调改善医患关系，空前增强了对来访者的尊重。但它过分夸大人的主观能动性，从自然的人、抽象的人中探求人的共性，而忽视了人的社会性，必然难以摆脱“乌托邦”的桎梏。

（2）人本主义心理学理论对高校学生网络心理健康教育的启示。

①高校学生网络心理健康教育的目标应当是致力于提高高校学生的心理素质和开发其潜能。不能仅仅满足于高校学生不出心理问题、没有心理障碍，而是要通过网络心理健康教育，不断提高高校学生的心理素质和心理健康水平，促进高校学生进行自我教育、开发自我潜能。因此，网络心理健康教育应该更多地利用网络的优势，开展发展性心理辅导，以提升高校学生的心理健康水平。

②以学生为本，尊重学生的主体地位。在网络心理健康教育过程中，应给予学生无条件的积极关注，在高校学生心理出现问题后，一方面应当进行积极干预，另一方面应当通过网络组织形式多样的心理活动，提升高校学生的自我调控能力，增强其防御心理危机的能力。

3. 积极心理学理论

（1）积极心理学的主要理论观点。

积极心理学是研究人类的力量和美德等积极方面的一种心理学思潮，要求心理学家用一种更加开放和欣赏性的眼光去看待人的能力、动机和潜能等，是对传统主流心理学的一种修正。以Seligman和Csikzentmihalyi 的2000年1月发表的《积极心理学导论》为标志，积极心理学在美国兴起。在积极型心理教育理念中，强调“积极”是贯穿心理教育过程的灵魂和主线，它有三个方面的意义：首先，主张对那些集中关注心理问题的病理式研究进行变革；其次，倡导心理学要关注人性的积极方面，促进人的心理发展；最后，对人类存在的心理问题，强调要用积极理性的方式作出适当解释，且从中获得积极意义。积极心理学认为，要使人们不再专注于认知事物的消极面，需要先教他们如何认知事物的积极面。有学者指出，积极型心理教育要求：面向全体，促进学生的心理得到积极和谐自主发展，心理潜能得到充分开发，要关注和研究学生心理生活的积极方面，倡导用积极的方式对心理教育中存在的问题作出解释并获得积极意义。

（2）将运用积极心理学的成果应用于高校学生网络心理健康教育中。

首先，应以积极心理学的价值取向对高校网络心理健康教育的目标进行整合。以往的心理健康教育目标主要是帮助个别学生消除心理问题，这种以问题为中心的教育并没有实现其良好的育人目标。而以积极心理学指导网络心理健康教育，就是要对各要素和目标进行整合，修改在心理健康教育中普遍存在的消极价值倾向，以培养高校学生的积极心理素质代替诊治心理问题。因此，高校学生网络心理健康教育的目标不仅包括帮助个别学生消除心理问题，更要注重培养全体学生健全的心理素质。只有兼顾二者，才能收到最大效果。从根本上讲，培养学生健全的心理素质与个性品质这一预防和发展性的目标比帮助学生消除心理问题的目标更具有积极意义。

其次，应以拓展教育的内容和形式，将积极心理学教育理念和研究内容运用于高校学生网络心理健康教育中。积极的情感体验、积极的人格和积极的社会组织系统为积极心理学的三大支柱性内容。积极心理学认为，虽然先天的生理因素是一个不可缺少的因素，但后天的社会生活体验更是人格形成的条件。所以，积极心理学认为增进个体后天的积极情感体验是培养个体积极人格的主要途径，特别强调研究人积极的现实能力和潜在能力在个体的良好人格特质形成和发展过程中的作用。我们应在目前的网络心理健康教育中融入积极心理学的思想和内容。第一，网络心理健康教育课程可以更多地涉及积极心理学的内容，引导学生关注和培养自身积极的人格品质，如自尊、自信、宽容、责任、主观幸福感等，构建积极的自我概念。第二，在网络心理健康教育宣传中，可以更多地宣传积极心理学的理念，营造学生积极向上发展的氛围。第三，应在心理辅导和咨询中，加强积极心理学观点的引导。

此外，心理学中还有许多对于建立该体系有借鉴意义的观点和理论。例如，人性理论、心理发展理论、人格理论、环境理论、潜能理论等。

二、思想政治教育学理论和网络思想政治教育理论

1. 思想政治教育学理论的主要内容

思想政治教育学理论尤其是现代思想政治教育学理论是网络心理健康教育的基础理论。直接用于指导网络心理健康教育研究的理论，主要有以下内容。

（1）思想政治教育的战略地位和社会功能的理论。

根据马克思主义的理论，我们认为，思想政治教育是整个社会机体的一部分，它是社会上层建筑的有机组成部分，是社会上层建筑中意识形态的核心部分之一，是社会结构要素中的一个关键性要素，其地位是极其重要、不可缺少的。思想政治教育是社会经济基础和政治上层建筑的反映，为经济基础和政治上层建筑所决定，但同时反过来为经济基础和政治上层建筑服务，作用于经济基础和政治上层建筑。思想政治教育能够影响和制约社会系统结构中的各个要素及运行机制，影响和制约社会的稳定和发展，其地位是社会结构中其他任何要素所不可替代的。

根据思想政治教育的社会结构地位，可以将其社会功能集中表述为“主导地位和作用”，即它在社会全局工作和各项具体工作中居主导地位，起主导作用。当然，思想政治教育的主导地位和作用，在不同时期、不同对象、不同条件下，可以表现为不同的具体社会功能，如导向功能、保障功能、凝聚功能、激励功能、调节功能、转化功能、服务功能等。

（2）思想政治教育过程的理论。

思想政治教育过程是指教育者根据一定社会的思想品德要求和受教育者的思想品德形成与发展的规律，对受教育者施加有目的、有计划、有组织的教育影响，促使受教育者产生内在的思想运动，形成一定社会所期望的思想品德的过程。这一过程是由教育者（教育主体）、受教育者（教育客体）、教育内容和方法（教育介体）、教育自然和社会环境（教育环体）四个基本要素相互联系、相互作用构成的复杂的运动过程。一个完整的思想政治教育过程包括三个阶段：内化阶段、外化阶段和反馈检验阶段。

在思想政治教育过程中，教育者对受教育者施加教育影响的操作程序，就是思想政治教育过程的基本环节。思想政治教育全过程包含三个前后相继、相互渗透的基本环节，即确定目标、制订计划，实施影响、促成转化，信息反馈、评估控制。

（3）思想政治教育过程的矛盾和规律理论。

思想政治教育过程的矛盾是思想政治教育过程中诸要素之间的对立和统

一。它是一个由基本矛盾和具体矛盾组成的多侧面、多层次的体系。思想政治教育过程的基本矛盾是社会发展所需要的思想品德和素质与受教育者现有水平的矛盾。它贯穿在思想政治教育一切过程的始终，并规定和影响着这一过程中的其他具体矛盾。思想政治教育过程中的具体矛盾主要有教育者与受教育者的矛盾、受教育者与教育内容和方法的矛盾、教育者与教育内容和方法的矛盾、教育者与教育环境的矛盾、受教育者与教育环境的矛盾、教育内容和方法与教育环境的矛盾等，这些矛盾是思想政治教育过程中必然存在的，也是促进思想政治教育发展的内在动力。思想政治教育过程的规律是思想政治教育过程中诸要素之间的本质联系及其矛盾运动的必然趋势。它也是一个由基本规律和具体规律组成的多侧面、多层次的体系。其基本规律又称为根本规律，是教育者的教育活动一定要适应受教育者的思想品德状况的规律，简称为“适应超越规律”。其具体规律有很多，诸如双向互动规律、内化外化规律、协调控制规律、自我教育规律、主体差异规律、客体诱发规律、反复递进规律、周期波动规律等。

（4）思想政治教育载体论。

根据思想政治教育学关于载体的原理，大众传媒是思想政治教育的重要载体，利用大众传媒进行思想政治教育，有两大优点：一是能最大限度地扩大思想政治教育的覆盖面；二是能提高思想政治教育的时效性。随着社会现代化和大众传媒的迅猛发展，大众传媒在思想政治教育中的作用越来越重要。传媒所反映的内容及其对人的思想的影响都是复杂的，既有积极有利的一面，也有消极不利的一面，不同的信息使大众传媒的教育作用可能出现相互抵触、相互干扰的矛盾现象。这就要求加强对大众传媒的宏观管理和指导，努力净化传媒内容，使之积极健康向上，反映社会主义的时代精神，并向同一方向起作用。只有这样，才能更好地发挥大众传媒的思想政治教育功能。互联网是继报纸、广播、电视之后的“第四媒体”，也是思想政治教育的重要载体。高校要充分利用这一有效载体，加强对高校学生的网络思想政治教育。

（5）思想政治教育环境论。

思想政治教育学原理认为，大众传媒是思想政治教育环境的构成要素，对思想政治教育及教育对象的思想品德的形成、发展有着重要影响，它所发挥的思想政治教育功能是通过传播思想品德信息、引导正确舆论和提供高尚的社会文化娱乐而实现的。互联网的广泛应用和发展，改变了思想政治教育环境，对高校学生的思想品德的形成和发展有着深刻和潜移默化的影响。高校要正视互联网的“双刃剑”影响，充分利用这一现代科技的优势，趋利避害，创新思想政治教育方法，改善思想政治教育效果。

2. 网络思想政治教育理论的主要内容

思想政治教育与网络技术相结合产生了网络思想政治教育。所谓网络思想政治教育，不仅是指以网络为载体的思想政治教育，也是指网络环境下的思想政治教育。它具有融合性、互动性、超时空性、虚拟性和隐匿性等主要特点。网络思想政治教育与传统思想政治教育存在以下区别。

（1）教育功能上，网络思想政治教育功能多元化。价值导向功能是思想政治教育的根本功能，网络思想政治教育除了价值导向功能（政治功能），还有沟通互动、覆盖渗透、预测预防、咨询选择等功能。

（2）教育理念上，网络思想政治教育的价值目标是最大限度地开发人的主体性，从而达到满足教育客体的需要这一价值性。在网络思想政治教育中，教育客体主体化，网络受众在网络思想政治教育中处于主体地位和本体地位。因此，网络思想政治教育应当以网络受众为本，确定其教育的内容和方法，从而达到满足教育客体的需要这一价值性。

（3）教育过程中，网络思想政治教育遵循“合规律性”“合目的性”有机统一的原则。“合规律性”就是要求在网络思想政治教育中要按照网络社会的基本规律和网民的心理规律与精神原则来进行。“合目的性”就是要求在网络思想政治教育过程中时时刻刻都要有明确而坚定的目的，这就是用科学的社会理念和信仰去影响人、塑造人、改变人。

（4）教育方法上，网络思想政治教育选取契合受众心灵与情感需求的教育引导方法。网络世界没有具体、固定的教育对象，网络世界是一个“网民”互动的世界，系统、理性的灌输方法难以达到效果。因此，网络思想政治教育应当选取契合受众心灵与情感所需的教育引导方法，如熏陶方法，才能达到良好的教育效果。

3. 高校学生网络心理健康教育与网络思想政治教育的关系

（1）目标上一致。高校学生网络心理健康教育主要是通过网络对高校学生进行心理素质培养，而网络思想政治教育则是通过网络对高校学生施加思想道德影响。但二者总体目标是一致的，都是“育人”，都要通过知、情、意、行四个层次来进行，都以促进高校学生的全面发展为宗旨。

（2）内容上相互交叉。高校学生网络心理健康教育与网络思想政治教育在教育内容上都注重培养高校学生网民良好的意识倾向性和个性心理品质，特别是都注重培养学生网民正确的网络观、道德心理品质和道德意识倾向性。

（3）原则上多有相同。网络心理健康教育与网络思想政治教育在教育原则上都遵循预防性和发展性相结合、科学性、趣味性、交互性等原则。

（4）方法上相互借鉴。在具体的实施方法上，网络心理健康教育与网络思想政治教育能够相互借鉴，取长补短。

4. 思想政治教育学理论和网络思想政治教育理论对高校学生网络心理健康教育的作用

（1）实行价值干预的原则。在我国高校学生心理健康教育中，一直遵循西方的“价值中立”原则。实际上，学生的思想意识问题、道德品质问题与心理障碍问题往往混杂在一起，很难区分。高校学生健康的心理素质与正确的人生观、价值观是密切相关的。因此，在高校学生网络心理健康教育中很需要“价值干预”。同样，心理教育也可以渗透思想政治工作中去，以帮助高校学生在意识层次上提高心理素质。

（2）改进心理健康教育的方法。我国的高校学生心理健康教育特别是心理咨询活动采取的是一种被动式的方法，教师坐在咨询室等人来咨询，这就造成了很多的问题。网络心理健康教育可借鉴思想政治工作方法手段，改变过去那种坐等学生上门、个别保密交谈的单一方式，采用主动的方式。一方面，利用网络普及心理健康理论和方法，培养和提高学生心理自我调节能力。另一方面，要积极发现特别是要利用网络积极发现学生的心理问题，使其心理问题能及时得到解决。

第三节　网络心理健康课程的理论借鉴

网络心理健康教育是心理健康教育在网络时代的延伸，应借鉴与网络交叉的相关学科理论，如网络心理学、网络社会学、网络文化等。

一、网络心理学理论

1. 网络心理学的定义

网络心理学至今还没有一个学术界普遍认同的概念。部分学者认为，从广义上看，网络心理学是指一切与网络有关的心理学研究；而从狭义上看，网络心理学则是指以网络为代表的某些特点，如自组织性等对于心理学的影响。有学者认为，网络心理学是一门边缘学科，它综合运用现代网络技术和心理学知识，利用网络与心理学资源及手段，研究人类在虚拟空间和现实社会中运用网络的心理学规律。

2. 网络心理学的研究内容

正如网络对于当今世界全方位的影响一样，网络的影响几乎波及心理学的一切领域。目前网络心理学研究尚处于起步阶段，综观国内外与网络有关的心理学研究成果，我们把网络心理学的研究内容概括为以下三个方面：第一，网络对人类心理影响的研究。网络对人类心理影响的研究包括对人类个体心理与群体心理影响的研究。网络对人类个体心理影响的研究主要集中在网络使用对人格特质、心理健康等方面的影响。第二，对上网者的心理研究。对上网者的心理研究主要集中在上网者的动机及需求方面。目前的研究成果多为针对高校学生的调研实证研究。不同群体的上网动机及需求是不同的，因此研究结论也不尽相同。也有少数研究黑客心理的文章，但多为一般分析。第三，网络对传统心理学影响的研究。网络对传统心理学影响是多方面的。从理论到实践，网络正在改造着心理学自身体系，重塑心理学一些最基本的概念，诸如自我、行为等，许多在网络环境下的心理规律，如认知的规律、情绪的规律、人格的规律、个体与群体的心理规律，都有待进一步探索。

3. 网络心理学对网络心理健康教育的借鉴作用

网络心理学还只是一个正在形成的学科，它的研究领域主要有：网络使用对人的心理特征的一般影响；网络人格的形成机制与影响因素；网络使用者线上和线下的双重人格问题；网络对青少年人格形成的影响；网络使用成瘾（或称为网络成瘾、网瘾）的早期干预、治疗，以及愈后的社会再适应问题；色情、暴力、反社会、反政府等不良网络信息对网络使用者的影响；等等。目前，最热门的研究内容是网瘾形成及戒断方法、互联网对人格形成改变和重建的影响，譬如网民线上和线下的双重人格问题。从其研究领域来看，网络心理学的诸多研究领域与网络心理健康教育的研究领域是交叉的。因此，我们完全可以借鉴网络心理学的研究理论方法来进行网络心理健康教育的研究，甚至在高校学生网络心理健康教育中可以直接运用网络心理学的相关研究成果。

二、网络社会学理论

1. 网络社会学的研究视角

网络社会学是研究网络社会行为及其社会行为体系的一门学科。研究的对象大体包括网络社会如何构成及其特点、网络特定文化现象、网民及其特点、网络社区、网络社会行为互动模式、网络社会群体和网络社会组织、网络社会秩序的维系方式、网络社会对现实社会的影响、现实社会和网络社会的联系、网络社会的持续发展给现实社会的未来发展的影响等。可见，网络社会学的有关理论对网络心理健康教育有着重要的借鉴作用。

2. 在网络社会中完善高校学生的“网络社会人格”

网络社会学的研究视角为人们认识网络和网络社会的一般社会属性提供了一种理论的分析框架和理论体系。作为借鉴，要求网络心理健康教育应做到在网络社会中完善高校学生“网络社会人格”，使他们能够正确认识网络世界，采取理智的方式应对心理冲突，学会在网络交往中进行自我管理、自我调适，塑造健全的网络社会人格。此外，网络心理健康教育还可以借鉴网络哲学和网络文化学的相关理论。

第五章　高校网络心理健康课程的对象分析

《第29次中国互联网络发展状况统计报告》显示，截至2022年12月，我国网民规模达10.67亿，互联网普及率达75.6%，在线教育、互联网医疗等数字化服务供给持续加大。高校学生是网民的生力军，他们既是网民中较大的群体，也是使用网络应用较为活跃的群体。

网络时代的高校学生是“既现实又虚拟的人”。在现实社会和虚拟社会的互动中，不仅是现实社会关系中的人，也成为网络社会关系中的网络人。他们通过互联网进行广泛的政治、经济、文化活动，不断通过网络与外界（包括与人）进行接触，交流感情，交换思想，互动沟通。他们的心理行为的发展变化受到现实社会和虚拟社会的双重影响。因此，高校网络心理健康教育的对象分析，就是应该从网络和高校学生网民的现实出发，研究虚拟社会对高校学生网民心理健康的影响，把握高校学生网络心理行为状况和未来发展趋势。

第一节　网络与高校学生心理健康

互联网对高校学生带来了深远的影响，它改变了高校学生的学习、生活方式，扩充了高校学生的人际交往模式，为高校学生社会化过程中的角色期待、角色领悟和角色实践提供了一个“虚拟现实”。学术界关于网络对高校学生心理影响的研究很多，有从积极（正面）影响和消极（负面）影响两个方面进行阐述的。比如，有从心理的不同维度来研究网络对高校学生的心理影响，如网络对高校学生认知、人际和个性心理品质的影响等方面。虚拟世界中带有消极色彩的内容，如暴力、色情、颓废等，给高校学生心理健康造成的不良影响也很多，如导致高校学生情感更趋于冷漠、认识能力发展失衡、形成畸形的人际关系，使其网络社会与现实社会的差距感增大，网络性心理障碍使高校学生学习成绩下降，甚至使他们产生放弃学习、个性变异、不想与人交往、形成孤独与抑郁的心理特征，严重的甚至还会导致性变异。王路军更提出使用网络可能造成弱化网络使用者的道德意识，造成人际情感疏远、道德冷漠、道德冲突和利用网络侵犯他人隐私等现象。同时，有研究者认为，互联网的使用可能给使用者带来积极的心理体验。有关研究发现，互联网能对高校学生自我中心的转变、自我评价、自我控制、人格的倾向性等方面产生较大的积极影响。

本节分别从积极影响的角度分析网络对高校学生的某些心理需求的满足在一定程度上增进了其心理健康，以及从消极影响的角度阐述高校学生在网络空间的种种不良心理体验。

一、网络与高校学生心理需求的满足

1. 网络信息传播的特点满足了高校学生对感知体验的需求，有利于自我认识的发展

处于青春期的高校学生，需要来自各方面的感知体验。当网络进入生活时，出于对感知体验的强烈需要（如对新奇刺激的需要等）和巨大的空虚感，使他们对此产生了浓厚的兴趣。互联网每天都是新的，其信息量是任何传统媒体所无法企及的，各种各样的新闻、游戏的发布，内容无奇不有，无所不包，凡是高校学生喜爱的，都可以在网上找到相关的内容，而且集文字、图片、声音、视频于一体。高校学生渴望了解更多新奇刺激的内容。好奇是一种以认知为基础的情绪，任何人对新异的刺激都会产生好奇。好奇是指由新异刺激引起的一种生理唤醒水平或认知冲突的探究倾向。一般认为，好奇是高校学生探索世界的动力。神奇的网络像磁石一般紧紧地吸引着高校学生的心，他们探索着、兴奋着、愉快着。

自我意识是人格的核心内容，也是推动人格发展的重要因素。追求个性

化是高校学生群体的特点之一，网络在丰富高校学生内心自我体验的同时，使其对自我的认识发生改变，强化了高校学生的自我意识，其自我评价能力也得到提高。高校学生通过从虚拟世界中社会角色的认知体验引起对现实世界中社会角色职责及义务的思考，体验内心的冲突，深入对社会和他人的认识，通过自我控制和自我教育来认识自我的社会角色。网络由于其匿名性，为高校学生提供了一个自我暴露的空间，高校学生在虚拟空间的自我暴露有利于他们重建自我认同。自我暴露就是指在虚拟空间向他人讲述有关自己的信息，即将纯属自身的真实、重要、隐私细节和内心想法向他人显示的过程。这也是一个认识自我的过程，作为具有躯体、心理和社会独特特征的同一身份的自我，在现实社会中摘下面具，赤裸裸地向他人、向社会显示自己的“真实、重要、隐私细节”往往需要极大的勇气。因为他们必须随时承担来自他人的、社会的种种议论和压力。但是人们的欲望是难以压抑的，高校学生敢于随心所欲地暴露自我、张扬自我、宣泄自我，有意识地在网上颠覆自己的社会角色，比起过度压抑自己的欲望，这无疑有益于其心理健康。

2. 网络的时尚和娱乐及其去抑制性，使高校学生潜藏的需求和欲望得到张扬

当同龄人谈论网络游戏的时候，当同伴谈论网络软件的时候，当同学谈论网文的时候，身处其中的高校学生如果能插上几句话，那该是何等的惬意、自豪！如今，能否使用网络语言，已经成为高校学生炫耀自己的一种时尚。书店里的畅销书首推有关网络使用的书籍，不管是儿童杂志，还是妇女杂志，都来凑热闹，赶时髦，不时会选编几篇网上的文章。追逐时尚的高校学生自然不会在谈论、使用网络方面甘拜下风。20世纪七八十年代，人们可以不会说英语，但身处21世纪网络突飞猛进的高校学生，谁好意思说“我没有碰过网络”?《第29次中国互联网络发展状况统计报告》显示，高校学生网民对互联网娱乐功能的使用率居高不下，这一现象说明网络时代的视听等媒体文化在强化着高校学生的感官功能。对高校学生网民来说，互联网所扮演的各种角色的应用程度排序为：娱乐、沟通工具、信息渠道、生活助手。有学生在坦言为什么迷恋网络时讲，家庭不和谐、没有温暖；在班级里，由于学习成

绩差，体验不到学习的快乐，甚至感到压抑和自卑。但是，在网络世界里，他体验到了内心的快乐与满足，体验到了成功，体验到了来自别人的祝贺。在网络的世界里，他感受到了自己的价值。

个体的许多本能欲望为正常的社会意识所不容，而在现实生活中又缺乏表达的机会和空间，从而使个体必须寻找一个去社会抑制的环境来释放潜意识中积聚的张力，而网络正好具有这种去抑制性。网络的去抑制性是指在网络的虚拟环境中，因为社会规范和个体的内心准则在虚拟空间被大大削弱，个体对自我行为的克制不复存在，其行为在网上表现出一种解除抑制的特点，较大程度上区别于现实生活中的行为方式。个体深藏在潜意识中不为正常社会意识所容许的各种需要和愿望，可以通过网络的去抑制性得到满足。网络的这种去抑制性对高校学生本能欲望的满足，使人的本性得到发展。网络给高校学生带来了一种无拘无束的表达自由。其实，在互联网上心理和行为的表现是他们在现实社会中欲望、需要、动机、情感以及各种社会关系的折射，所以，高校学生在虚拟世界中的表现往往能更加彻底地揭示出他们的本来状态，展示出高校学生更加丰满、更加立体、更加真实的心理状态。

3. 网络为高校学生创造了新的自我实现空间，可满足高校学生各种社会和心理需求

绝大多数家长认为，为高校学生提供衣食住行就足够了，从而忽视了他们的社会需求、心理需求。现实生活中难以满足的社会、心理需求，可以轻而易举地在虚拟世界里得到满足。首先，由于虚拟空间的仿真性，现实生活可以在虚拟空间得到逼真的模拟，使他们在心理上能获得同样的满足感，而且这种满足可以畅所欲言，几乎不必承担任何后果。其次，由于交互性，一个人可以同时与很多人，即使远隔重洋也可以进行交流。最后，由于实时性，高校学生可以在瞬间满足其社会需求，而在现实世界里，必须经历漫长的过程和耐心的等待才能得到满足。

对人类来说，寻求归属感是一种基本需求。由于网络空间提供了许多不同的虚拟环境，所以让每一种人几乎都可以找到一个让自己感觉“趣味相投的地方”。一些网迷往往存在着现实的或潜在的归属认同危机感，如家庭成员

之间的关系危机、同学之间的关系危机、与师长缺乏互相认同等。他们上网既是逃避不愉快的现实，又是在寻觅一种归属认同。心理学的研究早已证实，人的行为是多因素促成的结果。“高校学生网络交往始于求知与时尚的心理需求，持续于逃避现实压力的需求，其最终目标是寻找情感寄托。”互联网没有国界，没有政府的存在，较少存在不平等的因素和进入障碍，任何人都可以在网络平台上发表自己的见解。研究发现，经常上网的学生能从网络中感受到平等的社会支持和评价，能够将网络作为个人价值实现的平台，在网络中体验成功与抱负，提示网络对自尊可能有一定的积极作用。在网络世界里，不再强调相貌的作用，每个网民在一个非以貌取人的环境下拥有平等的发言权，人们不需要过多的面具。个体还可以建立个人主页，把自己的兴趣爱好等资料通过网络传媒让网友认识和了解。

心理学家马斯洛认为，自我实现是一个人的最高需求。网络为高校学生提供了自我实现的新空间。现实中的失败可以在虚拟空间中得到替代性实现。另外，高校学生在“虚拟社区”的表达交流，可以舒缓紧张、宣泄情绪，同时满足了高校学生寻求人际归属感、渴望友爱与情感的需求。

二、高校学生在网络空间的消极心理体验

随着网络普及率的持续提升，互联网对人们生活的影响也日渐深入，网络已逐渐在社会的各个人群中加速渗透。由于高校学生网民具有较高的网络使用率和活跃的网络娱乐应用行为，也是最可能受到互联网不良信息影响的群体。结合前人研究和我们的分析发现，高校学生在网络空间的消极心理体验有以下几个方面。

1. 有限感知体验和虚拟生存

由于网络交往的虚拟性，人们无法在交往中看到对方的真实面貌，无法和交往对象真实地接触。这就使人们在网络交往中的感觉是非常有限的，对对方的感觉更多来自自己的想象，所形成的只是有限的感知经验，人们在网络上对别人的印象从而具有较大的空想性、片面性与欺骗性。在这个虚拟的环境里，你可以不需要知道对方是谁，也没有必要让对方知道你是谁。这是

一个无形的虚拟空间，它以知识、消息、声音、图像、文字等作为自己的表达形式，每一个网民都是这个虚拟世界中的一员，通过互联网无处不在的终端、触手、键盘、鼠标互相联系、沟通。随着三维动画、网络聊天机器人的出现及虚拟现实技术的不断完善，虚拟网络空间里越来越呈现出逼真的现实环境，形成一个全新的时空——虚拟现实环境。

网络的虚拟空间具有不同于物理实在空间的诸多特征。在这里，向往自由、渴望抒发天性的高校学生，不再感到习以为常的上下、左右、前后的方位概念，没有了家长、教师等的教导和限制，也没有了想说不敢说的心理压抑，潜在欲望得以表达。唯一实在的是这一空间的物理外壳——计算机、辅助工具、网线等，网址、游戏、键盘、鼠标唯我是从，而通过一些软件和工具展现的内容完全处于虚拟空间中。不管你是谁，在虚拟网络空间，天高任鸟飞，海阔凭鱼跃。在网上，高校学生可以学习、游戏、交友、发布信息、聊天、看影视剧、讨论时事等。在某些虚拟社区里，他们可以植树、领养宠物、尝试角色扮演的游戏等。虚拟商店、虚拟学校、虚拟实验室、虚拟战场……如雨后春笋般涌现。

同时，心理学的研究表明，个体长时间感知同一事物容易导致其对该事物的感受性降低。对于高校学生网民来说，随着时间的推移，越来越多的信息对他们的感受程度已经没有太多的意义。网络信息还可能导致个体思维混乱，影响一个人思维的深度和广度，从而导致人的整体思维能力下降，使其出现相应的行为偏差。因此，如果高校学生长时间接触网络，容易出现认知混乱、“人—机”式偏执交往、迷失自我、人性异化、道德失范、网络成瘾等偏差行为。

2. 身份的匿名性和现实丧失感

人们在现实生活中的身份和性别相对稳定不变，而人们在网络虚拟空间可以随意选择自己的身份和性别，甚至干脆匿名。这种匿名性带来了身份、地位的平等，表现在自由感和身份虚幻感。在网络空间，可以说自己想说的话，可以在游戏中或者聊天室编造一个假身份，去尝试不同的生活。自由、快乐、游戏、幻想是高校学生天性中的一部分。虚拟空间是高校学生向往的，虚拟空间可以满足他们的诸多需要，而学习和就业的压力，是他们没有办法摆脱的一种沉重负担。用网络来逃避现实，用网络来麻醉自己，这也是许多高校学生沉溺于网络的一个重要原因。

与虚拟世界对应的是现实世界，这两个世界是对立统一的关系。从后现代的研究视角出发，用后现代话语表述，虚拟世界是对现实世界的反叛、解构，它摧毁界限、远离现实，体现着一种对立，但二者又形成一个统一体，即人类社会。虽然虚拟社会与现实社会的较量已经开始，但是，虚拟社会里发生的问题还是得跑到现实社会里来解决，这是一种辩证的统一。身份的匿名性给高校学生网民带来的影响是双重的。“身份变化”可以让一些人宣泄被压抑的情绪，获得一定的心理自疗效果，可以让高校学生虚拟尝试新的角色，起到“角色扮演”的作用。但是，也可能会使高校学生丧失现实感，混淆虚拟世界和现实。如网上恋爱者在见面后，可能会产生失望和其他消极情绪。网络主体在虚拟空间的现实丧失感正是其网络心理失衡的症结所在，具体表现为网络主体自我意识模糊，网络主体价值理性的失落，网络主体交往自由的失范，网络主体情感体验的丧失，等等。

3. 角色冲突和双重个性

网络的特点之一是虚拟性。虚拟的网络世界没有空间和地域的限制，其成员可能是对门邻居，也可能来自北国南疆，甚至是不同国籍、不同肤色的人群，令人与人之间交流的范围骤然扩大。虚拟性改变了所有人的角色和道德责任，“我”不再是“我”。高校学生可以在虚拟空间里任意地隐匿性别、年龄、种族和社会地位。因此，他们可以随心所欲，任性而为，尽情地包装和展示自己，宣泄情感，可以使其在学校等生活空间中所受到的压力得到释放和舒缓。正是网络中的“匿名角色”现象，使得大多数的网民都以部分甚至完全虚假的信息来保护隐私或美化自己去吸引别人。人们在现实中的交往得到的信息，如性别、年龄等基本是真实的、直接的，而网上的交往则是非直接的，可能是经过加工的信息、精心包装的形象，其真实性、可信度大打折扣。高校学生在网络上的身份与现实中的实际身份的不一致性，容易导致角色冲突。

网络交往与现实交往有很大的不同，现实的交际对象是既定的，信息是明朗而对等的。为了给对方留下好的印象，塑造良好的自我，每个人都会有所顾忌，基本如实地表现出自己的个性状况，如个人的需要、动机、愿望、兴趣等，而个人的能力、气质、性格等个性特征则是具有稳定性的。网络交往的对象是模糊的，任何留下的特征都可能是编造的，即使是真实的，这种真实也是不能移植的。真实只是一种交流的真实，只是为了证明自己的存在，发泄或者倾诉自己的苦闷，尝试网络交际快乐以及感受未曾谋面的想象空间。比如，一个温柔的女孩可以在虚拟的空间里横行霸道，可以扮作帅哥找个红粉知己。这是一种个性的改变，是双重个性的真实流露。这种个性的展示，可以让压抑的心理得到宣泄，可以尝试新的角色，但也可能使双重个性得以保留，致使人格变态。

总之，网络社会对高校学生的影响是全方位的，既有积极的影响，也有消极的影响。从消极影响方面来看，高校学生如果长时间过度与电脑为伴，会对其认知过程、情感过程、个性品质产生不良影响；从思维方式来看，人的逻辑思维将会受到计算机的符号式思维影响，甚至被零碎的符号式思维取代；从记忆功能来看，可能会降低人脑的记忆功能，影响日常心理活动；从情感方面来看，可能会让人对网络社会产生眷恋乃至依赖，阻碍在现实世界中独立生存能力的养成；从德性方面来看，可能会丧失道德准则，做出违反道德之举，以致触犯法律。网络“黑客”就是典型的例子，黑客是指在未经许可的前提下，通过不正当手段擅自闯入他人计算机系统的电脑行家，由于德性的偏离，使其沦为“叛逆”之人，这不仅不是一种创新，反而构成一种反动。

第二节　高校学生网络心理行为状况分析

网络是一把双刃剑，适当地使用对个人的心理行为、个性表现以及社会的发展进步能产生积极的影响，而沉迷或者病理性使用则可能产生一系列的负面影响，如一些高校学生沉迷于虚幻的网络世界不能自拔，就严重影响了身心健康。2011年12月，《第29次中国互联网络发展状况统计报告》表明，互联网在高校学生中的普及率已接近100%。在网络心理健康日益成为社会关注的热点的同时，高校学生作为网络使用的主体和先锋，其网络心理健康问题也逐渐凸显出来。如何看待和评价高校学生的网络心理健康问题，至今没有学者做过全面的调查与研究。因此，下文对高校学生网络心理行为状况的分析，是基于现有的文献资料以及作者为满足本书需求所开展的局部调查进行的。

一、网络心理问题——高校学生网络成瘾

有研究表明，高校学生长时间上网会引发各种心理问题。如刘欣采用自拟一般情况问卷，结合症状自评量表（SCL-90）测评了高校学生网络使用情况及其心理健康状况，对网络重度使用者和轻度使用者的测评结果进行对比分析和相关分析。结果发现，网络重度使用的高校学生占15.7%（男生62.8%，女生37.2%）；轻度使用的高校学生占84.3%（男生40.4%，女生59.6%）。高校学生网络重度使用者的SCL-90各因子得分均显著高于轻度使用者（$P<0.01$）。而且，高校学生上网时长与症状自评量表中的躯体化、恐怖、强迫、偏执、人际敏感和睡眠饮食这几个因素得分显著相关（$P<0.01\sim0.05$），与性别、月消费水平、人际关系个体因素也显著相关（$P<0.01\sim0.05$）；男生、月消费高、人际交往困难者上网时长者较多。

与心理咨询相对应，可将高校学生的网络心理问题简单地分为发展性和障碍性心理问题。也有研究把高校学生网络心理问题细分为五类：认知冲突与思维障碍、网络引起的人格冲突与障碍、高校学生网上人际交往中的心理问题、高校学生网络心理障碍、网络成瘾综合征（IAD）。下文围绕高校学生网络成瘾这一典型网络心理问题来进行阐述。

1.高校学生网络成瘾率呈上升趋势

国内有研究表明，网络成瘾的高发人群为处于20~30岁、受到良好教育的年轻人，高校中的学生群体是网络成瘾的易感者。国外也有研究表明，高校学生中网络成瘾的发生率为8.0%~13.0%。国内有关的最早的专项研究是

2001年北京大学心理学系钱铭怡教授对北京12所高校的近500名本科生进行的抽测，结论是网络成瘾者比例为6.4%；其他研究如2006年王建国等对山西部分高校学生调查，网络成瘾率为6.24%；2006年雷鸣等对广东医学院803名学生进行网络成瘾状况的调查，发现学生网络成瘾率为9.59%；杨铁成等对承德医学院七个专业的学生进行抽样调查，网络成瘾率为11.38%；2007年王瑜等在大连市4所高校随机选取514名高校学生进行问卷调查，网络成瘾率为14.39%。

目前，高校学生网络成瘾主要有以下类型：网络聊天成瘾、网络游戏成瘾、网络色情成瘾、网络制作成瘾和网络信息收集成瘾。其中，在网络游戏和交友上的成瘾者人数显著高于非成瘾者人数。

2. 高校学生网络成瘾的日常表现

除网络成瘾综合征外，网络成瘾表现在高校学生的日常生活和学习中，可能是举止失常、神情恍惚、胡言乱语、性格怪异等。高校学生可能或正在养成并在实际生活中实践着网上的行为心理，具体表现在以下几个方面。

（1）撒谎。网络的匿名性使人摘下了传统、道德的面具，呈现出真实的自我。这种心理与行为会转移到现实中来，成为撒谎行为。

（2）孤独。喜欢网络的人或者经常上网者都会有这样的感受，网络出现了故障或者停电了就会表现出一种焦急的心情，因为交流中断了，他们陷入了孤独之中。有的高校学生一旦离开网络，就很难表达自己，无法与他人沟通。宏大的虚拟网络使个人越来越感到孤独和渺小。

（3）冲动。虚拟空间是浩瀚的夜空，深邃、神秘、广袤，数字信息的无限性、不对称性，使人永远无穷尽地使用它，也根本无法触摸它。而神秘、新奇、刺激更加激起人们探索的欲望，这种情形使网络成瘾的人无法拒绝。

（4）暴力。高校学生具有活力，身体的能量需要释放。暴力性的游戏，是他们心理发泄的一种方式。

（5）淫逸。色情对人的腐蚀是无处不在的，因为人具有性的本能。沉溺于色情网站使高校学生走向性的反面，夸大性的快乐，而不能正确看待性的伤害、性的社会性，致使一些高校学生性放纵、缺乏正确的性观念。

（6）空虚。如果没有正确使用网络，而是在网络上随波逐流，没有自己的航标，那么高校学生的心里将是空虚的。

3. 高校学生网络成瘾的原因分析

总体上看，网络成瘾的高校学生往往不具备良好的内部多维评价体系，仅依据现实的单一标准，或以同学老师的评价为标准来评价自己，从而得出以偏概全的结论，进而否定自己并采取极端的应对方式来回避现实。但研究发现，网络成瘾的高校学生的情商并不低，反而容易对他人情绪过度敏感，当他们不能充分表达自己的情绪，认为别人不能充分了解自己时，在处理人际关系中就会产生情绪、情感方面的困扰。由于生活目标低、沉溺网络、情绪难以表达、学业不良，网络成瘾的高校学生体验到的社会支持度较低，可能会导致亲子关系不良，师生、同学关系不融洽等。

通过ERP研究发现，“网络成瘾的青少年的早期注意功能明显易化，即外部信息不经高级调控、自动化加工程度增大”。所以，成瘾者对网络的信息是自动加工的，而其他信息则不能进入大脑进行有效加工。因而即使是痛斥、皮肉之苦也是不能解决问题的。对于高校学生网络成瘾的原因，下面从心理学的行为和认知等有关理论进行解释。

（1）操作条件反射的行为解释。

斯金纳的操作条件反射理论认为，人的行为无论是得到奖励，还是得到惩罚，都会得到强化，而被保留下来。高校学生上网是被网上信息作为刺激而加以强化的结果。互联网可以提供无限地让高校学生感到心理满足的奖励性强化刺激，网络提供爱、兴奋、情绪、想象的满足，并提供逃离现实的工具。如果高校学生忽略自己真实的成长，而习惯于借助互联网逃避现实，或是为了得到爱，得到娱乐，当他再次感受到这些内在的需要时，将会继续上网。虚拟强化，周而复始。

斯金纳认为强化是行为形成和改变的最根本规律。他通过大量的动物实验，发现强化安排的效果主要取决于其时间和次数的分配，并把这种分配称为强化时程表。斯金纳的强化时程表主要分为五种：第一，正确的反应每次均予以强化，行为得以持续。第二，定比间隔强化，即正确的反应不是每次都给予强化，而是按照一定次数比率予以强化。它有利于保持反应重复频率的平稳。第三，定时间隔强化，即不管正确反应发生的次数，而是按照一定的时间间隔予以强化。第四，不定比间隔强化，即以不固定的次数间隔来强化，或者三次正确的反应，或者五次正确的反应，给予强化，这种强化效果最好。第五，不定时间隔强化，即以不固定的时间间隔来强化，效果也很好。

在网络中，以上五种强化的方式都有，这就从不同程度上强化了高校学生上网的心理与行为。和互联网有关的新技术的一个关键因素是使个人能从网上事件中得到强化。一个人开始尝试一个新的互联网特征时，他会被随后的反应强化。如果反应是积极的，个人就会继续这项活动，然后经常进行类似的活动以达到同样的反应。这个操作性条件反射持续，个人总是寻求新技术、新刺激以达到类似生理反应。根据基本的操作条件反射的原则，与主要的条件反射一起呈现的任何刺激就像被绑定一样会成为次级强化物。所以，某些刺激如一种在线服务的声音，在键盘上打字的触觉，甚至放置电脑房间的气味，都能引起条件反射。

（2）认知心理学的解释。

有人提出了网络成瘾的认知——行为模型。成瘾最核心的因素是认知适应不良的存在。互联网不当使用者以特定的认知适应不良形式表现出重要的认知机能障碍。认知适应不良可以分为两个主要的形式：关于自我的想法和关于世界的想法。沉思默想的认知风格导致有些人常常陷入考虑与个人使用互联网有关的问题，而不能为其他生活事件分心。而且集中的自我沉思会使一个人再现更多的关于互联网的强化记忆，从而维持着病态使用互联网的循环。

关于自我的其他认知歪曲包括自我怀疑、低自我效能和消极的自我评价。一个人如果对自己有一个消极的看法，或者是歪曲的、绝对化的看法，或者是给自己贴错误标签的做法，他就会认为在互联网上用很一般的方法就能从他人那里得到更积极的反应。因此，他可能会想：我只能在网上才比较出色，离开网络我就不行。对事件的认知歪曲包括将特殊的事件概括化，而概括化的信念通常是与“必须”“应该”这类字眼联系在一起的。比如“我必须获得成功”“上网应该是最有成就感的事情”。面对网络，他们会得出这样的结论——只有在网上我才能得到尊敬，离开网络就没有人爱我了，网络是我唯一的朋友。这种全或无的思维方式加重了个人的认知歪曲，造成个人对互联网的更加依赖。

网上恋情、互动游戏、色情画面等成为支持强迫行为的刺激。久而久之，成瘾者对互联网也会产生强迫性的想法，对冲动控制降低，无法停止使用互联网，最重要的是，成瘾者会感到互联网是个人唯一的朋友，认为只有在互联网上他们才能对自己和周围世界感觉良好。病态使用互联网的其他表现就是下了网就想再上网，对以前感兴趣的活动不再感兴趣，最终离开朋友、亲人、学校。病态使用互联网后，形成恶性循环，使用者自己对使用互联网也有犯罪的感觉。因而，经常对朋友撒谎，不承认在互联网上花了时间和金钱，认为使用互联网是一个秘密。他们知道自己做的不是完全被社会认可的，但却无法停止，这引起自我价值进一步降低和病态使用的症状更严重。

有研究者从网络成瘾的强化机制方面来总结网络成瘾的因素。网络成瘾的正强化机制是指行为后果导致积极刺激增加，从而使该行为的发生频率增加。如网络游戏给人带来的良好的情绪、认知体验。网络的负强化机制是指行为后果导致的消极因素减少，从而使该行为的发生频率增加。如果个体认为网络能让他逃避现实问题，缓解不良情绪，那么他以后也会在相同的环境中更多地使用网络。网络独有的特性可以满足高校学生的某些心理需求，如人际交往、社会支持、自我实现等。当这些需求不能在现实生活中得到满足时，网络为他们提供了舞台。例如网络游戏可以使他们宣泄自我，实现自我；网上聊天为他们提供了倾诉的空间和对象；网络交往的虚拟性和间接性，也能减轻心理负担，因而在网上表现得异常真实和坦率；等等。逐渐地，网络空间成了高校学生生活中必不可少的一部分，上网就是他们的现实生活。

4. 高校学生网络成瘾者案例分析

有研究表明，从性别差异来看，网络成瘾者中男性居多。网络成瘾者往往具有一些特殊的性格特征，如性格孤僻、敏感、抑郁、自我评价偏低等。如下面一则案例：

长沙某高校大一男生林某，性格孤僻、内向，不擅长与人交往，在学校也是天天宅在寝室。但是，只要有机会，他便借同学的电脑与网友频频在线聊天，每隔几天出门都是与网友见面，而且往往约见的都是不同的人。同学对他占用自己电脑的行为颇有微词后，他便以学习为由，向父母要钱自己购置了电脑。自此，从早到晚泡在网上，流连于各个自由聊天室和游戏平台，逃课成家常便饭，有时还连续旷课六七天。作为大一新生，面对现实中考试挂科或者补考的压力，他仍一心沉迷网络虚拟空间无法自拔。寝室的同学告诫他不能再这样下去了，刚开始他也觉得懊悔，有改过之意，但由于生活中几乎没有什么朋友，他深感孤独，单调的学习让他觉得空虚可怕，唯有上网才能忘记一切。网上自由的交往空间让他有了沟通的快乐，于是一闲下来又控制不住自己要上网。当学校的警告变为勒令退学，他居然都觉得无所谓，退学了就能24小时挂在网上，这正是他一直所期望的。

许多大学生在现实中产生的心理问题，没有通过恰当的方式解决，继而就转向网络，希望从网络上寻求解脱。虽然在网络里心灵能求得片刻的宁静，但他们离线后，却发现现实的环境与他们更加格格不入，以前存在的心理问题并没有得到解决，因此只好又到网络里去寻求解脱。如此必然造成恶性循环，产生新的网络心理问题。

一位刚辛苦戒除网瘾的高校学生在总结中这样陈述：

现在想起那段沉溺于网络游戏的日子，简直就像一场噩梦！我每天沉浸在网络游戏的拼杀与劲爆的音乐当中，即使停下来喝口水，心里想的也是怎样让自己的游戏能力和等级数值提升。在游戏中，我过关斩将，打遍天下无敌手，拥有最好的装备，组建最好的团队，这就是我，这就是我想要的感觉……可是，当我的眼神从电脑屏幕上移开，周围的世界都变了，原来我一无是处，实验做不好、作业完不成、考试不及格、表白遭拒绝……我再也不愿意走进之前同学之间那个融洽的圈子，并开始拒绝一切原来热衷的集体活动。

根据这位同学的自白，我们发现他在沉溺于网络游戏之前本是开朗乐观的人，没有过自卑、焦虑、抑郁等不良情感体验，但沉迷网络游戏之后，身边的一切都发生了改变，自卑感一天比一天强烈，颓废、抑郁的感觉萦绕不去。看着他沦陷在网络游戏的同学曾这样说他：你的灵魂都被网络给吞噬了！

高校学生一旦把注意力集中在网络世界里，现实环境以及周围的人和事将被遮蔽，虚拟社会给他们的感觉真实起来，而现实社会却开始显得陌生，这样其人格将会偏离常态，其在现实生活中的行为也必然发生变异，从而使这些上网成瘾的高校学生产生严重的压抑、焦虑、自卑，甚至轻生的想法。

还有一个因为沉溺于网络游戏而导致抑郁症的高校学生，目前正进行心理危机干预和精神治疗，他在自己的QQ空间中写道："我现在害怕与人交流，更害怕别人看不起自己，这种颓废的感觉，使结束生命的可怕念头常常出现在我的脑子里。"在他的真实表白中流露出的那种痛苦和压抑是我们所无法想象的。

网络心理问题是现实心理问题在网上的延伸和强化，如果网络心理问题与现实心理问题相互影响，将会产生更严重的心理问题。可见，现实心理问题和网络心理问题可以互为原因和结果。

5. 高校学生网络心理问题的个体差异

心理的实质概括起来说，心理是人脑的机能，心理是客观现实在人脑中的主观映象。在健全的人脑机能条件下，人们发生心理问题的原因是复杂的，究其实质是主客观的激烈矛盾冲突导致心理失衡，进而引起心理问题。例如，在"理想我""现实我"的冲突中，若不能很好地将理想与现实结合起来，这种矛盾冲突过于强烈，不能及时加以调适，实现主观与客观的统一，则会导致自我意识的分裂，从而带来一系列心理问题。又如，同样能力水平的同学遇到同样的学习困难，能认识自己能力水平与解决学习困难所需能力差距，并努力克服困难的同学，比看不到自己差距，急于求成的同学，学习焦虑程度低。因此，高校学生心理问题的发生是具有个体差异的。

高校学生网络心理问题发生的个体差异是指在遇到同样的心理冲突或面对同样的困境时，有的同学会出现心理问题，有的同学则不会。在同样的情况下出现心理问题的同学，问题的严重程度也不尽相同。如同样是面对"理想我""现实我"的矛盾冲突，有的同学会出现心理问题，有的同学则不会。而在这个冲突中出现心理问题的同学，问题的严重程度也不尽相同。

由于受到先天遗传、后天环境等多种因素的影响，高校学生个体间客观上存在多方面的差异，因此，其心理问题发生的个体差异情况是异常复杂的。高校学生心理问题发生的个体差异十分突出地表现为：忽视客观、专一主观的学生，以及不能较好地处理主客观矛盾的学生，容易出现心理问题；坚持主客观统一，能较好地处理主客观矛盾的学生，心理问题出现得较少。

忽视客观、专一主观的学生，如性格内向不愿与他人交往的学生，不顾客观实际过分追求完美的学生，以个人为中心不与国家、社会、集体形成责任关系的学生，他们的共同特点是只关注自己，不注重客观实际，以自我为中心，不能与社会、与他人和谐相处。这类学生往往容易出现心理问题。另外，不能较好地处理主客观矛盾的学生，如偏激不善于全面地、辩证地看问题的学生，适应环境能力差的学生，自我调适能力欠缺的学生，意志薄弱的学生等等，往往容易出现心理问题。

能较好实现主客观统一的学生，如理想信念坚定的学生，善于全面地、辩证地看问题的学生，实事求是抱着平常心的学生，环境适应能力强、人际交往合理的学生，责任感、事业心强、意志坚强的学生，自我调适能力强的学生，他们往往能正确地认识社会、认识他人，并能正确地认识自己，能树立与社会相符合的理想，尊重他人。对自己的要求既适应社会的需要，又符合个人的实际，能较好地处理主客观矛盾，坚持主观与客观的统一，因此较少出现心理问题。

认真研究并掌握高校学生网络心理问题的个体差异，从理论和实践上明确这些差异，既有利于高校学生了解自己的心理特征，选择相应的心理调适策略和方式，也有利于教育者发现学生的心理的优势和缺陷，依据高校学生的个性特征，因势利导、因材施教，提高网络心理健康教育的效果。

二、网络失范行为——高校学生网络犯罪

网络成了越来越多高校学生成长中新的“虚拟空间”，而“虚拟空间”也是容易发生失范行为的地方（Goulet，2002）。高校学生又正处于人格、自我意识形成但尚未确立的时期，心理发展极易受到网络环境的影响和冲击。加

之不少高校学生网络道德意识薄弱，缺乏自主性和自律性，表现出对网络的过度依赖和迷恋，从而出现各种形式的网络失范行为。

失范行为又称为偏离行为或偏差行为，大多数学者认为失范行为是消极行为、反常行为。由于对网络失范行为的研究方法不同，其定义也有所不同。代表性的观点认为，对于网络失范行为的判定是指通过把它的行为结果和与之类似的现实失范行为进行类比，然后确定这种行为是否属于网络失范行为。Garbasz（1997）和Schuen（2001）认为网络失范行为的研究方法主要有两种：一是“绝对取向”，处于宏观水平，研究网络文化过程，网络失范行为是指个体不能适应正常的互联网生活而产生的有违甚至破坏互联网规范的失范行为；二是“相对取向”，处于微观水平，研究以计算机为媒介的、人与人之间的交流过程（CMC过程），网络失范行为就是指在CMC过程中，不符合某一团体期望和规范的行为。

有学者将高校学生网络失范行为分为重度网络失范行为、中度网络失范行为和轻度网络失范行为三类。重度网络失范代表性行为是指入侵他人计算机、偷阅他人电子信件或其他个人隐私的行为，这类行为涉及违反有关法律的问题，情节最为严重；中度网络失范代表性行为是指浏览色情网站和色情内容、登录被封闭的网站的行为，这类行为情节较为严重；轻度网络失范代表性行为是指在聊天室里骚扰他人、在网上说假话的行为，这类行为主要涉及个人道德品质问题，情节相对轻一些。

1. 高校学生网络失范行为研究

关于网络失范行为产生原因的理论观点，主要有线索滤掉理论（Joinson，2003）、社会认同理论（Lea等，1992）、双自我意识理论、个人—情景交互作用理论（Joinson，2003）。其中个人—情景交互作用理论对网络失范行为产生原因的解释较为全面，认为既有网络的特点，也有个体自身的原因。国内一些学者（雷雳、李冬梅，2008）的实证研究也表明，高校学生网络失范行为产生的原因既与互联网有关，也与现实因素、个体因素有关。

关于高校学生网络失范行为出现的原因，有个体自身因素，也有环境因素，但往往是二者兼而有之，是个体和环境多种因素交互作用的结果。一般认为，高校学生网络失范行为产生发展的心理机制是一个从量变到质变的过程。当高校学生中的不同个体受到不同的主客观因素的影响时，最初是心理方面表现出一些变化，如产生焦虑、抑郁、恐惧等内向性行为，或出现攻击性、退缩性、违规性和适应行为落后等外向性行为。随着这些心理问题行为朝习惯方向发展（即量变过程），就会造成其失范行为相对定型的质变。更有甚者，会发生人格内在结构的失衡变化，即认识、感情、欲望的无序和失控，达到一定的“度”，就会导致丧失尊严、缺乏责任心和放荡不羁等人格扭曲与人格变态的质变，至此会出现各种不良行为或严重违法行为。

2. 高校学生网络犯罪心理分析

（1）网络犯罪心理成本低。

网络犯罪不仅经济成本低、法律成本低，心理成本也很低。心理成本是指行为人实施犯罪行为时对于受社会道德谴责和可能受法律惩罚的恐惧所导致的心理压力。网络上有每个人的秘密空间，没有其他人的眼睛盯着，受到的心理压力可能要小得多。而且，虽然进入别人的网络空间开始需要费一番周折，可一旦进入，执行一项犯罪指令的速度是相当快的。所以，网络犯罪时间的短促性以及隐秘性使网络犯罪者在犯罪时的自我谴责和现场心理恐惧感大大降低。特别是持有“黑客网络伦理论”的行为者认为对计算机网络的访问是无限制的、纯粹的，只要动机纯洁，就能闯入任何网络。所以，即使他们在非法入侵计算机系统、破坏计算机安全，仍坚持认为自己是为了更好地完善系统，非但无罪，反而有功。此时，他们的心理成本几乎等于零。

（2）自我暴露心理。

在网络犯罪中，有一部分高校学生是本着炫耀、自夸的心理来暴露自己的，在侵入过的网站或者计算机中，赫然留下自己的“痕迹”。如内蒙古一个叫王少伟的学生，他攻击的全部是动态的网页，而不是静态网页。他每次选定要攻击的网站，都会把这个网站的主页进行保存，然后进行攻击，更换成他的黑客网页。攻击成功后，他还要在网页上留下自己的三个QQ号码、一个MSN账号和个人主页链接，希望被攻击的网站负责人通过以上聊天工具与他联系，请他恢复网站。

（3）可以藏匿的秘密心理。

有人认为网络可以藏匿、不被人发现，其实这是一种错误的认知。因为网络上的每一台计算机都有自己的身份，也就是自己的IP地址，只要上网者进入网络，也就必须亮出自己的身份。其实，网络没有什么秘密可言，认为网络是永远秘密的、隐藏的、别人看不到的观点是一种错误的认识。但是，有很多高校学生持有这种错误观点，且不惜以身试法。

（4）非暴力心理。

在崇尚独立个性的高校学生心目中，网络犯罪是一种技术，没有暴力、没有物质的占有、没有具体的接触。网络犯罪的手段表现为非暴力，这一方面是由于行为人具有丰富的网络专业知识，以科技为掩饰；另一方面是由于网络的神秘与万能，使高校学生从文化心理上具有一种网络犯罪万能的思想。高校学生具有较高的网络技术，这一点是他们的父辈们不能比的。他们崇尚技术，以网络技术犯罪形式为荣，蔑视其他形式的犯罪，排斥暴力，对涉及暴力的犯罪给予极大的蔑视。

（5）情绪失控。

情绪对于人的行为、动机具有发动和制止的作用，它在人的个性形成中具有十分重要的作用，在道德心理与犯罪心理的形成中，起着催化剂的作用。由于情绪的失控，就可能出现不道德甚至是犯罪的行为，如制造并在网络上传播计算机病毒、违法经营、贩卖毒品、造谣惑众甚至是盗窃国家机密等。

（6）攻击报复，发泄不满。

人生之路并不平坦，高校学生成长中遇到的问题随着年龄的增长也逐渐显露。当他们认为自己的目标不能实现时，就会在心理上产生挫折感。应对挫折的方式有很多，攻击他人是其中的一种，攻击有两种情况：一是直接攻击，二是间接攻击。网络是高校学生进行间接攻击的首选方式。

实际上，现实社会引起人们消极情绪的地方有很多，但人们往往缺乏发泄的途径。网络是个巨大的容纳空间，它可以承载一切情绪和怨愤。所以，在网络上发泄自己的情感让一些人感觉很舒服。如学生对食堂、医院、学校后勤保障的不满，都可以在网上进行发泄，获得心理上的平衡。但是，报复情绪一旦发生变态就会具有强烈的破坏性，高校学生在网上制造混乱、删除重要文件或者散布病毒等，就是一种违法，甚至是一种犯罪。

（7）反社会心理。

反社会心理转移到网络中，甚至比现实中有更大的影响。有些高校学生因为自己的理想不能实现或者受到诸多条件的限制，于是逃到虚拟空间中发泄自己的不满，而不是通过现实的努力奋斗，扩展提升自己的知识和才能。在网络中沉溺的时间越长，应对现实的能力就会越跟不上时代的发展，对社会的不满就会越来越重，不能与社会融为一体，进而与社会作对，形成反社会人格，走向犯罪。在市场经济多元化的今天，人们的思想在多元化存在的同时，也出现了一些不良的思潮，加之复杂化的国际环境，一些高校学生的反社会心理被别有用心的人利用，给自己、给社会都造成了不良后果。

三、高校学生网络心理健康问题成因

从以上现状分析可以得出，互联网思维确实影响到了高校学生的思想和行为，以及对其所进行的教育引导工作，这是不容忽视的。分析现状产生的原因，准确把握问题的症结，为下一步采取切实可行的对策奠定了基础。本书认为这些措施主要反映在理念、平台、环境、内容和队伍五个方面。

1. 受传统思维模式的束缚

（1）封闭的思维模式的束缚。

长期以来，高校的工作受传统的教育体制和教育模式的影响深远，对高校学生的思想和行为引导工作更多是借鉴已有的经验，沿用传统的、固定的模式，而忽视了不断发展变化的新形势、新情况和新问题，因而形成了封闭、僵化的模式。封闭、僵化的模式主要表现在：第一，不能及时应对社会发展的变化，没有把教育引导工作放在互联网思维信息化、全球化、多元化的大背景下来考虑，使针对高校学生的思想和行为引导工作更多的是关注方向性，缺乏时代性，从而导致教育引导工作脱离社会发展的实际。第二，不能及时应对高校学生的思想和行为的变化，面对生活成长在互联网环境下的高校学生，不能及时掌握其认知特点、个性需求和成长状态，从而导致教育引导工作脱离高校学生的现实需求。第三，不能及时创新工作模式。传统的高校学生思想和行为引导工作受封闭、僵化的思维的影响，形成了固定的教育内容、封闭的教育环境、单一的教育手段等，使教育引导工作往往落入了假、大、空的尴尬境地，这极大地影响了教育引导工作的有效性。恩格斯强调“当人们用思维来看待一切时，没有什么是可以一成不变的，所有的历史或是人类活动都是相互联系的，处在不停的变化中”。因此，高校学生思想和行为引导工作也必须顺应社会发展的变化，创新性地开展工作，摒弃陈旧的思维方式，通过发展的网络思维，让高校学生思想和行为引导工作植根于学生中，融入社会中，切实地提高工作的实效性。

（2）单一的思维模式的束缚。

由于传统人才培养目标的单一，直接导致教育理念的单一、教育方法的单一、评价手段的单一等一系列的情况。这种单一、求同思维在高校学生思想和行为引导工作实践中主要表现在重共性、轻个性。第一，不考虑高校学生多元化发展的需求和学生之间的差异，使教育引导工作不能满足学生个性化的需求。第二，在教育引导工作实践中，采用简单化的“流水线式”的培养模式，使得教育效果达不到预期。第三，忽略复杂的多元化的社会环境对高校学生思想和行为引导工作的影响。显然，这种单一、求同的思维已无法适应当今高校学生思想和行为引导工作对象多元化、需求个性化、环境复杂化的要求。互联网思维中多元的理念则可以帮助思想政治教育工作者建立起多维、求异、立体的思维模式。拓展思维向纵深发展，多方位、多角度地看待问题，在教育引导工作中承认学生的差异性，尊重学生的个性，多形式、多层次地开展多样化的教育，真正做到教育引导工作的有的放矢，切实增强高校学生思想和行为引导工作的针对性。

（3）保守的思维模式的束缚。

受中国传统文化的影响，教育培养的“师徒制”、教育资源的权威性等往往会使教育工作者对高校学生的思想和行为引导工作较为滞后与保守。一方面体现在教育理念的保守上。面对复杂多变的新形势、新情况和新问题，思想政治教育工作者还是按照惯性思维照搬以往的老套路和老经验来指导工作。另一方面体现在教育模式的落后上。当今已进入互联网时代，各种先进的互联网技术和手段层出不穷，对比“游戏化”“智能化”等先进模式，高校学生思想和行为引导工作依然沿用着20世纪“一个老师、一块黑板、一本教材”的教育方法和教学手段就显得乏善可陈，从而丧失了对高校学生的吸引力，导致高校学生的学习积极性被严重削弱，也不利于高校学生创新、进取精神的培养。因此，无论是时代的要求，高校学生自身成长的要求，还是高校思想教育发展的需求，都急需用突破与创新的思维模式来取代滞后与保守的思维模式。互联网思维作为一种新兴的思维模式，其中的跨界、迭代等理念，正好为高校学生思想和行为引导工作找到了突破口。有位智者曾这样说过：“这个世界唯一不变的就是变化。”因此，高校学生思想和行为引导工作应借鉴不同行业、不同领域、不同学科的知识，全面解放思想、勇于尝试、不断创新，才是应对瞬息万变的未来的唯一途径。

（4）灌输的思维模式的束缚。

在传统教育中，非常注重教师的权威性与主导性，而将学生视为一个个被动接受思想与知识的个体，教育的过程也是单向的“灌输”的过程，教师与学生之间的关系呈现出一种对立、分离的状态。列宁所写的《怎么办？》中认为，社会主义意识形态属于工人阶级的一大思想体系，但是工人阶级无法自行创建出社会主义意识形态，只能通过外部力量在工人阶级当中灌输社会主义意识形态，并给出了“灌输论”。这一理论的出现，对于当时来说，存在一定的合理性。把教育者与受教育者摆放到两个不同的平台之上，教育者有着强势地位，而受教育者却较为弱势，确保受教育者对教育者传递的信息毫不质疑地全盘接受。教育者和受教育者地位不平等、简单粗暴的“填鸭式”的教育方法，显然与当今时代下“以人为本”的教育理念格格不入。互联网思维中的用户思维，则在教师和学生之间建立起了平等的桥梁。将学生作为教育引导的根本，主动关心他们、理解他们，和他们成为朋友，并将其放在核心位置。从学生的实际需要出发，帮助他们处理好有关问题，同时将学生的全面发展当成主要目标，以便提高教育引导工作的实效性。简而言之，高校学生思想和行为引导工作的宗旨就是以人为本。

2. 教育环境复杂化

（1）教育环境的开放式。

“思想政治教育环境是一个复杂的环境系统，一个立体、动态的环境体系。互联网思维影响下的高校学生思想和行为引导的环境与传统的教育环境相比发生了巨大的变化，从单一的校园环境变为校园、社会、家庭、社区等多样的环境，从封闭的校园变为社会甚至全球的开放式教育环境，从现实的课堂、寝室等环境变为虚拟网络环境。这些新变化也预示着高校学生思想和行为引导的环境将日益变得多元化。因此，怎样掌控复杂多变的教育环境，怎样把此种复杂多变的环境转变成教育引导的有效手段，怎样在高校思想政治教育规范与指导难度不断增加、环境日益多元的状况下逐渐增强教育效果成为新的挑战。

（2）教育环境的隐蔽性。

在网络环境下，虚拟性、隐蔽性成为思想教育的重要特点。在网络空间中，学生可以畅所欲言，充分表达自己的意见，将隐蔽的网络作为自己表达思想、宣扬个性的工具。但是这样在隐蔽环境中肆无忌惮地宣泄，容易影响学生在现实中与他人交往的能力与方式，导致一些人际交往障碍，特别是对于存在负能量的学生，网络的隐蔽性会使其负面情绪得到放大。因此，对于高校学生思想和行为引导而言，怎样在有效监管相对缺失的虚拟环境中合理引导高校学生，怎样促使高校学生战胜在虚拟环境中形成的心理障碍与人格障碍，怎样借助虚拟环境实现“正能量”的传播，怎样处理好各种因隐蔽的网络环境所产生的问题，是思想政治教育工作者面临的又一挑战。

3. 网络平台建设不完善

（1）平台定位不明确。

高校网络平台建设的初衷，并非单纯地实现思想政治教育的“课堂搬家”“书本搬家”，更不是课堂教学的简单移植，而是将之作为课堂教学的有效完善，更是满足高校学生个性化教育的新平台。在网络平台上不仅要实现“教与学”的功能，还要实现“互动交流、资源共享”等多种功能。当然，一个网络平台不可能满足高校学生思想和行为引导相关的所有需求，不同的网络平台承载资源和实现功能相对固定。因此，只有明确网络平台的定位，才能更好地在对高校学生思想和行为的引导中发挥作用。

（2）平台功能太过单一。

如今网络平台所具有的功能较为有限，在内容的呈现上还是简单地使用PPT课件以及课程视频等传统形式，未能将虚拟现实、云技术等最新的科技成果及时运用到平台中，导致平台缺乏吸引力，学生失去对平台的关注度。此外，传统网络平台还停留在简单的信息传递、资源发布的阶段，缺乏师生有效互动机制。这些都极大地影响了运用网络平台开展高校学生思想和行为引导的效果。

（3）平台未能得到及时更新和有效管理。

高校网络平台的建设不能一蹴而就，应当不断对网络平台的资源进行及时的更新，对平台本身进行定期的维护，只有这样才能确保其顺利运行。但是从现实情况来看，大部分平台在正式投入使用之后，便会在很长一段时间处于无人看管的“真空”状态，缺乏后续的资源更新和平台维护，导致平台的活力不足，甚至无法正常运行。因此，维护一个“健康”“有活力”的网络平台就是为高校学生思想和行为引导守护了一方阵地。

（4）平台资源未能有效共享。

平台最核心的功能就是共享，高校网络平台建设的目的是通过平台打破教育资源分配不均的状况，实现优质资源的共享，使更多的师生受益。目前，许多学校都建立了不同的网络平台，但多是自主开发、独立运行的模式，造成了平台建设各自为政，建设形式五花八门，建设水平参差不齐，平台之间互不相连，形成了一个个平台“孤岛”，资源共享极其有限。因此，需要建立平台之间的共享机制，在资源交流共享的同时，也实现高校、教师、学生之间的多方互动。

4. 内容单一缺乏时代特征

（1）内容单一。

传统的高校学生思想和行为引导的内容主要对思想政治理论或是与政治

教育相关的内容关注较多，这是应该的、正确的。但是忽视心理健康、艺术美育等综合素质方面的内容，无疑会导致高校学生群体中人格不完善、心态失衡、综合素质欠缺等问题愈加突出。因此必须丰富和完善内容建设，从内涵界定、边界范围、功能定位、作用发挥等方面出发，明晰高校学生思想和行为引导的内容，并进一步厘清各个内容之间的关系。

（2）内容缺乏时代特征。

当前高校学生思想和行为引导的内容远离社会生活，缺乏现实生活的基础。一方面，对高校学生关注的内容，如国际国内形势、社会热点等问题的涉及较少；另一方面，对高校学生在学习、生活中遇到的，如择业、人际交往等实际问题的关注也不够。而这些问题往往是导致高校学生思想和行为产生偏差的根源。高校学生思想和行为引导实践效果不尽如人意，需要从内容进行深刻反思和理性审视。这就要求高校学生思想和行为引导内容不仅要有高度和深度，还要真正地做到“接地气”，让教育内容走入时代、走近学生。因此，提升教育内容与现实生活及学生个体需求的贴合度，根据社会发展变化和高校学生成长需求，不断充实和丰富高校学生思想和行为引导的内容势在必行。

5. 教育者队伍的权威性被弱化

（1）信息优势的削弱。

在传统的教育模式中，教师掌握着教育的内容，控制着全部教学环节，包括教育工具、方法、手段等的选择。相对于学生而言有很大的信息优势，在整个教育过程中具有绝对的掌控地位。目前中国大部分高校，其教育理念还不够现代化，对于知识的传授仍然停留在“老师讲、学生听、考试测”这样一个模式。但随着互联网的发展，老师、书本就是权威的时代已经过去，各种知识已经不再掌握在老师、专家、学校手中，毫不夸张地说，老师讲授的每一个知识点，学生只要掌握了足够的互联网技术，就可以通过网络得到，高校学生已经从教育者和受教育者的被动隶属关系中走出来，成为教育的主体之一。然而很多高校教师还重复着照本宣科、一套课件用几年的教学方式，不注重自身知识的更新丰富和教学水平的提高改进。长此以往，学校的教育作用就会受到学生的忽视，教师的权威性和主导地位都将受到动摇。

（2）知识结构迭代的滞后。

互联网的发展，直接使学生获取知识的途径更加丰富，打破了“一对多”、由教师到学生的知识传输模式的单向链条，高校学生可以通过网络触碰到艺术、体育、植物学、动物学等任何学科门类的知识。而从事高校学生思想和行为引导工作的教师大多数主要研究方向是思想政治理论，知识储备也多在人文社会领域，知识结构相对单一。高校学生可以很轻易地通过互联网的自主学习，达到对于某一领域或某一问题的理解远远强于教师。此外，高校学生在“猎奇”心理的驱使下，对新鲜事物和信息的接受速度更快，接受程度更高，往往会出现教师所接受的信息滞后于学生的现象。因此，教师需要在与学生之间建立起平等互动的地位，更多地调动高校学生的主体意识和自主学习的意识，在教育引导过程中弱化教育的功能，强化引导的过程，更好地扮演“引路人”的角色。同时，在网络这样丰富的信息获取平台上，教师需要不断更新、丰富自身的知识结构，加强对互联网等多学科的知识的了解、学习和应用。

（3）教育工作者素质有待提高。

作为教育工作者，其政治、思想、道德、文化等方面的素质的高低，直接决定了其教育水平的高低。特别是作为思想政治教育工作者，若自身素质不足，则无法使学生产生认同感，无法对学生产生影响力。其主要表现在：第一，创新能力的缺乏。缺乏开放的、全球化的视野，仍故步自封地按照传统的教育理念、方法、手段等开展工作，缺乏创新的意识和勇气，也缺乏创新的理念和思路。第二，知识结构的陈旧。在当今信息爆炸的时代，知识的数量之多、更新之快是任何时期都无法比拟的，这就要求思想政治教育工作者必须时刻保持学习的状态，在教育引导工作中不断学习新知识，构建更加完善合理的知识结构。特别要注重对科技领域和交叉学科领域知识的拓展，注重知识的多元化、交叉性，能够更加综合灵活运用知识。第三，互联网素养的缺乏。面对互联网思维，部分思想政治教育工作者还是互联网“小白”，对互联网的应用还仅限于通过网络查找资料和收集信息的初级阶段，就更谈不上运用互联网思维来指导工作。因而面对“互联网一代”的高校学生，思想政治教育工作者往往就显得底气不足、力不从心。因此，对基于互联网思维的高校学生思想和行为引导，教育工作者只有不断提高自身素质，才能显示出自己的魅力与气质，要打破原有的教育模式，开拓新的教育平台，丰富新的教育内容和手段，才能更好地引导学生成长成才。

四、高校学生网络心理的未来发展

网络的快速性，给人带来了新鲜感，这种新鲜感对高校学生具有强烈的诱惑。面对这一新鲜事物，无论是成年人，还是高校学生，其网络心理都还处在一个发展的阶段。随着网络技术的发展和普及，人们的网络心理也会不断地发展而日趋成熟。在发展和成熟的过程中，未来的网络心理可能形成以下特点。

1. 对网络的依赖心理会越来越强

高校学生长期处在网络的包围之中，资料信息、电子邮件、QQ、BBS、网络游戏、网络新闻，已经全方位地包围缠绕着高校学生的身心，影响、熏陶、滋润着高校学生。网络成为高校学生成长过程中不可缺少的工具。停电及偶然的网络中断甚至瘫痪都会使沉浸在网络中的高校学生茫然不知所措，一系列的现象充分说明，在网络日益普及的时代，高校学生对网络的依赖心理越来越强。

2. 情感越来越缺乏稳定性

虚拟网络中的情感像江上的渔夫，在一片看不见目标的水域凭着运气抛下渔网，可能有收获，也可能一无所获。网络情感的不稳定表现可能导致高校学生弄不清楚什么是情感。因此，开心是什么，痛苦是什么，这些原本明明白白的东西，在网络中对高校学生而言将不再有明显的区别。

3. 对网络信息产生怀疑

网络上的信息是丰富的，但是其中不乏虚假的信息，也不乏谣言及恶意攻击。网络信息的不真实性，自始至终存在。越来越多的网络谣言事件，令网民大为不满，也使高校学生对网络信息产生怀疑的态度，不相信网络上的信息、资料及知识。

4. 对网络也会产生日益恐惧的心理

网络技术的发展会使网络虚拟更完美，为了防止秘密的泄露和病毒或黑客的非法侵入，补丁也会随之增加。“反网络病毒”“反网络破坏”的网络技术的发展，也刺激了“电脑病毒”“黑客入侵”技术的逐渐升级。计算机损坏、网络瘫痪、病毒攻击等使人们深受其害。随着破坏程度的升级，网络恐惧心理也会与日俱增，甚至有些高校学生会怀疑网络将给人类政治经济带来灾难和难以预料的不良后果，从而越来越惧怕网络。

5. 对网络心理生活的厌倦心理也将产生

网络固然给了高校学生一片新鲜的天空，但网络中也充满了陷阱。网络给高校学生带来了虚拟的心理快乐，但这些快乐可能是“海市蜃楼”。网络上信息量大，且有许多虚假信息，高校学生花费了大量时间在网上千辛万苦地寻找自己所需要的信息，最后却发现得到的有用信息实在有限，并且也难以判断真假。他们会因此而觉得得到的结果和花费的时间不成比例，会感到效率低，或者总是跟不上信息的变化，慢慢地便会产生厌倦心理。

总之，网络技术的日新月异导致高校学生所处的环境不断变化，加之处于青春期的高校学生的心理也具有不稳定性，时刻处于动态变化之中，因此高校学生网络心理状况较难准确把握。

第六章　高校网络心理健康课程的内容与方法

网络时代高校学生心理健康教育内容发生了新变化，变得更加丰富和全面，内容中的文化和科技含量大为提高，具有更强的可观性和可选择性。因此，网络心理健康教育的内容应整合现实心理健康教育内容的现有资源，通过网络建立高校学生心理健康教育知识系统，便于高校学生进行自我教育，提高其网络心理素质，解决其网络心理问题。

开展网络心理健康教育，要在对现实心理健康教育的方法进行沿用和整合的基础上，探索适应网络时代特征的新方法。所以，一方面我们要充分发挥中华优秀传统文化在高校学生网络心理健康教育中的作用，另一方面要借鉴和整合西方心理学的方法在高校学生网络心理健康教育中的有效运用，并积极探索网络心理健康教育的新方法。

第一节　高校网络心理健康课程的内容

高校学生网络心理健康教育的有效性是由相关教育的有效性和相关接受的有效性共同构成的，这就要求在高校学生网络心理健康教育中，教育工作者必须充分考虑到受教育者的需求。就受教育者的需求类型而言，主要有获取心理健康知识的需求、参与心理健康教育活动的需求和解决心理问题的需求等。

进行网络心理健康教育，首先，要明确高校学生网络心理健康的标准；其次，要和现实心理健康教育有机结合，整合出网络心理健康教育的基本内容；最后，要培养高校学生的网络心理素质。

一、网络心理健康的标准

制定心理健康的标准，首先要了解人的心理。人的心理现象是对客观现实的主观映象。现代社会，人的心理活动必然要与网络这一客观现实发生密切的联系。人的网络心理是随着网络的产生和发展而产生和发展的。因此，网络心理是在网络时空里人的心理过程及其个性特征的总和。心理健康一般是指人们具有正常的智力、积极的情绪情感、和谐的人际关系、良好的人格品质、坚强的意志和成熟的心理行为等。网络心理健康除了具有心理健康的一般标准，还有一些特殊的标准，可概括为：具有正确的网络心理健康观念和意识；能保持线上线下人格的和谐统一；线上线下均能保持良好的情绪；没有因为网络的使用而影响正常的生活、学习与工作；具有正常的人际交往能力，人际关系协调，并能以平静心态面对网上不友善的交往，离线时没有明显的身心不适感。

关于高校学生网络心理健康标准，应结合网络时代高校学生心理特征来制定。有学者认为，高校学生在网络环境中心理健康的标准是否具有良好的现实感，能否及时并合理地调整信息超载所带来的认知困惑，以及网络和现实自我的差距、能否在时间上进行自我管理等等。还有学者从网络心理障碍的角度入手，对网络心理健康标准作以下简单界定：高校学生在网络使用过程中能保持积极心态，离线时心理能够保持平衡，可以较好地把握虚拟与现实之间的关系，能在虚拟与现实之间做到以现实为主导，无论在线还是离线都能够保持人格的统一，且离线时没有明显的身心不适感。参考心理健康的标准，很多学者认为仍然可以从人格（自我意识）、认知、情感（情绪）、意志以及人际关系等几个方面对高校学生网络心理健康标准进行界定，即统一的人格、合理的自我认知、稳定的社会性情感、良好的自控能力、良好的社会责任感和人际信任。还要结合影响网络心理健康的因素，即平均每天上网时间、网龄、上网次数、从事的网络活动、网络的使用目的或动机等。

综上所述，我们对高校学生的网络心理健康标准作以下具体阐述。

1. 具有正确的网络心理健康观念或意识

随着电子信息技术的飞速发展和互联网的日益普及，网络作为连接信息化社会的主要介质，以其便捷、高效、经济的运转与使用特征，进入人类社会生活的各个领域，并日益发挥着不可替代的作用。网络是一把“双刃剑”，一方面给高校学生的学习、生活和工作带来前所未有的便利，另一方面使他们遇到更多的困惑，给他们的身心健康带来损害。因此，具有正确的网络心理健康观念，成为保持网络心理健康的重要标准。正确的网络心理健康意识或观念至少应包括以下几个方面：一是了解网络是把“双刃剑”，对网络既不依赖，也不谈网色变。二是具有正确的上网目的，合理安排上网时间，注意上网的安全，具有健康、良好的网络使用习惯。三是对网络信息有辨认真伪的能力，并能正确对待和处理网络与现实生活的关系。在网络世界中，信息像汹涌波浪迎面而来，让人目不暇接，真伪难辨。心理健康的高校学生应该能运用现有的知识，理智地辨认真假信息，并能够有勇气及时改正自己不正确的认知和行为。四是了解网络心理障碍的主要表现、判断标准以及产生的原因，掌握并能运用治疗和预防的方法，增强自我的控制能力。五是具有良好的网络道德和网络法治观念，遵守《新时代青少年网络文明公约》。

2. 能保持线上线下人格的和谐统一

人格是人所表现出来的稳定的精神面貌，是具有一定倾向性的心理特征。人格结构是多层次、多侧面的，是由复杂的心理特征经独特结合构成的整体。主要包括代表个性心理特征的能力、气质、性格和代表个性倾向性的动机、兴趣、理想、价值观等。由于网络环境中身份的虚拟性、想象性、多样性、随意性等特点，容易影响个性的整体性、独特性和稳定性，导致双重人格或多重人格的形成，影响心理健康。网络双重人格是指个体在网络中和现实中分别具有彼此独立、相对完整的人格，二者在情感、态度、知觉和行为等方面都有所不同，有时甚至是处在剧烈的对立面，出现严重的心理障碍，是心理不健康的典型表现。因此，心理健康的高校学生必须能保持线上线下人格的和谐统一，并在虚拟空间与现实世界之间能够做到以现实世界为主。

3. 线上线下均能保持良好的情绪

良好的情绪表现为：一方面，高校学生无论在线上（虚拟社会）还是在线下（现实社会），主导的心境应是愉悦、乐观和平静的，而且能正确且恰当地表达情绪；另一方面则表现为能遵守网络道德，恰当运用网络调节情绪、宣泄情绪。

4. 不因网络的使用而影响正常的生活学习与工作

能有效地进行自我教育和自我管理，控制自己使用网络的时间，在不影响自己正常生活、学习、工作的情况下使用网络。高校学生应认清网络与现实生活的关系，一味逃避现实生活，躲进网络，其实是心理不健康的表现。心理健康的高校学生不会将网络当作唯一的精神寄托，尤其是在现实生活中受挫后不只依靠网络缓解压力或焦虑，能主动寻求现实社会中的社会支持，勇敢地面对现实生活。

5. 有正常的人际交往，人际关系协调，并能以平静心态面对网上不友善的交往

如果人长时间沉湎于虚拟世界，容易脱离现实社会中人与人之间的面对面的直接交流，弱化现实社会中的人际交往能力。而现实社会中的人际交往不畅，会使上网的人感到孤独、寂寞、焦虑、冷漠，影响心理健康。因此，网络心理健康要求人们处理好人与人之间的关系，在现实社会中保持人际关系协调发展。同时要能以平静的心态面对网上不友善的交往。因为网络交往具有隐蔽性、间接性的特点，对于一些没有“慎独”素质的网民而言，其自律性和责任心就会下降，在网上交往时常常带有明显的攻击性、过度的调侃性，甚至侮辱性，这就要求高校学生能用平静的心态去面对网络。

6. 离线时身心没有明显的不适感

不健康的网络行为方式往往导致网络成瘾等网络身心障碍，离线时产生诸多的身心不适感，因此，高校学生网络心理健康的标准之一，是要求高校学生离线时身心没有明显的不适感。

心理健康与不健康是相对的，但不是非此即彼的概念，二者之间只有程度的差别，而没有确切的、绝对的界限。判断高校学生网络心理是否健康时，

要注意下列方面。

（1）应以发展的观点判断高校学生网络心理健康。由于人的心理是一个复杂的整合系统，人的心理发展也是持续的，网络时代人的心理发展更是处在动态中，所以判断高校学生网络心理健康状况应持发展的观点，关注其心理状态持续的时间。

（2）要避免对高校学生产生认知偏见。判断高校学生网络心理健康状况应当依据可以观察并加以检验的客观事实以及学生表述的主观感受、体验来进行综合判断，须运用多个标准，全面、综合考察高校学生的网络心理和行为共同评估，从整体上去衡量。

（3）要因人而异。我们了解、评价、判断学生的心理健康状况不是单纯为了鉴别的需要，最终的目的是使学生的心理潜能获得充分发挥，促进学生全面发展。应该根据学生年龄、性别、原有的心理发展水平等的不同而灵活评价，做到因人而异、区别对待。

二、网络心理健康课程的基本内容

一般而言，现实心理健康教育的内容可分为障碍性内容和发展适应性内容两大块，依据网络心理健康教育的优势和高校学生自身认知水平较高的特点，网络心理健康教育的内容应该以发展适应性内容为主，侧重于解决高校学生在成长适应过程中所遇到的各种心理问题。因此，整合现实心理健康教育内容的现有资源，网络心理健康教育的基本内容包括发展性内容、预防性内容和障碍性内容。

1. 发展性内容

（1）网络心理健康意识教育。

要想从根本上解决高校学生的网络心理问题，首先要加强网络心理健康意识教育，引导高校学生树立正确的网络心理健康观念。从高校新生入学教育开始，大力普及网络知识，引导学生对网络的科学认识，树立正确的上网动机，客观评价网络，分析网络利弊，扬长避短。积极引导高校学生提高网络信息鉴别能力，有选择、有借鉴地处理网络上良莠不齐的信息，自觉抵制网络上不良内容的诱惑。针对高校学生沉迷网络、逃避社会现实的情况，要强化对高校学生的社会化教育，使其认清虚拟社会与现实社会的关系，在认识到网络的优势时也要认识到网络对心理健康潜在的危害性。

网络心理健康教育是一种助人与自助的活动，“助人”是手段，让学生“自助”才是目的。所以，网络在心理健康教育中，要充分发挥学生的自我教育的功能，让学生自觉利用网络获取心理健康知识，树立网络心理健康意识。对自身的心理困惑，能够将网上心理健康教育内化为自我诊断、自行解决，从而培养自我提高、自我发展心理素质的能力，促进身心健康成长。

（2）网络人际交往心理教育。

网络给高校学生提供了很好的交流途径，那就是上网聊天和网上交友。目前，许多高校学生把网络作为扩大交际圈和打发无聊时间的手段。但由于一些高校学生过度迷恋网络聊天等虚拟的交往方式，而不去参加现实生活中的交往活动，从而疏远了现实社会中的人际关系，严重的还患上了“网络孤独症”。有的高校学生由于性格内向孤僻等原因，在现实中不善于与人交往，会借助网络消解生活中缺乏朋友的孤独，上网逃避现实，但离线后却更感寂寞。

因此，在加强高校学生网络人际交往的心理教育，帮助高校学生树立正确的人际交往观念的同时，对高校学生网络心理健康教育的内容中要加入网络人际交往的技巧和艺术的教育。掌握了一定的网上交往技巧和艺术，才能够用正常的、健康的心理状态进行人际交往，才能够在网上建立良好的人际关系。良好的人际关系不仅是高校学生在网上健康快乐生存的保障，同样是他们在现实中健康快乐生活的保障。

（3）网恋和色情心理健康教育。

网上的匿名性使高校学生敢于更真实地表达自己，而不必担心社会评价。所以，在网上结交异性朋友和谈情说爱也不再是羞于启齿的事。有资料显示，46.2%的学生结交异性网友是为了寻开心、解闷；14.1%的学生是为了获得感情慰藉；9.1%的学生是对现实生活感到失望；11.7%的学生是渴望了解异性，获得满足感。有39.7%的学生曾与网友见过面，其中11.2%的学生常与网友见面。另外，正处于青春期的高校学生对性的好奇和向往表现在和性直接或间接有关的网站访问率较高。有调查显示，有近78%的青少年有浏览色情网站的经历，有35%的青少年经常光顾色情网站。“性”是搜寻引擎中最常被检索的关键词。

在了解高校学生网恋的心理状态和可能出现的问题后，运用性心理与爱情心理的理论，明确网恋心理健康教育的主要内容。一是要对高校学生网民进行正确恋爱观的教育，二是要加强性健康教育，三是要加强对高校学生尤其是高校女学生的安全教育。同时，分析高校学生网络色情心理的现状，研究矫正高校学生网络色情心理的对策。

（4）网络学习心理指导与职业生涯规划教育。

网络学习心理指导与职业生涯规划也是高校网络心理健康教育的基本内容。我们要研究高校学生网络学习心理及优化。运用学习心理的理论，分析高校学生网络学习心理的现状，研究优化高校学生网络学习心理的对策。网络学习心理指导包括学习方法指导、学习动机的激发与培养、学习兴趣的培养、学习习惯的养成、学习疲劳的预防，以及现实学习与网络学习的联系与区别、网络学习的技巧等。

网络职业生涯规划教育包括介绍职业生涯规划的心理学理论与方法，开展网络职业生涯规划、网络团体心理辅导和个别心理咨询等。

（5）网络道德心理教育。

由于网络环境还未形成系统的法律规范，网上行为更多依靠使用者的自觉自律和道德责任感。在道德意识和情感方面，网络内外的双重道德标准使部分高校学生价值观念扭曲，加之思想意识模糊，在网上一味追求刺激和轻松而常常表现出与社会现实不同的虚拟人格，导致自身人格发展错位，甚至造成人格分裂。不少高校学生网络道德意识模糊，道德情感淡漠，缺乏尊重别人、承担义务的社会责任感，缺乏足够的同情心。自己又没有充分的自尊和自重，做了不道德的事情没有羞耻感。在道德意志和行为方面，一些高校学生缺乏自主性和自律性，网络道德意志的薄弱导致其对网络的过度依赖和迷恋，上网精神亢奋，离网精神倦怠。在道德行为方面出现违规、失范行为。

有人利用网络特性和技术窃取他人的信息及资源，破坏他人的数据，甚至利用网络进行恶意诽谤、谩骂、欺诈等行为。一份调查显示，13.20%的高校学生认为“网上聊天谁也看不见，互相欺骗是很正常的”；对于不文明语言，22.49%的高校学生认为“网上可以使用，但是现实中不可以使用”，10.60%的高校学生认为“网上和现实中都可以使用”；35.10%的高校学生不认为在网上复制、抄袭文章是不道德的行为；16.10%的高校学生不认为在网上私自使用别人的账号是不道德的。

因此，高校心理健康教育的内容要包括高校学生网络道德心理教育及提升。要运用道德心理的理论，分析高校学生网络道德心理的现状，研究提升高校学生网络道德心理的对策。

2. 预防性内容和障碍性内容

（1）预防网络心理障碍的教育。

随着网络的普及，“网络心理障碍”相伴而生。网络心理障碍有多种类型，如网络上瘾症、网络孤独症、网络迷恋症、网络收集狂、网络游戏狂、网络破坏狂、网络色情狂等。这些现象的存在影响了高校学生的成长和社会的良序运行，因此，应当开展高校学生预防网络心理障碍的教育。

①以积极心理学理念为指导开展高校学生预防网络心理障碍的教育。

一方面，心理学不仅要对种种心理问题进行干预，同时它要对种种健康进行干预，使健康向新的或更高的层次发展。事实上，人的生命系统是一个开放的、自我决定的系统，它既有潜在的自我内心冲突机制，也有潜在的自我完善的内在能力机制。从目前的研究来看，这两套机制是相互独立起作用的，是一个系统中的两个子系统，彼此间并不存在必然的因果关系。因此，当我们把工作的重心完全放在研究潜在的自我内心冲突机制上时，其实忘记了人还有求得发展、求得自我实现的本性和能力。积极心理学认为，心理学在致力于帮助人们去除各种问题的同时，还要致力于研究人的各种积极力量和积极品质，特别是研究各种积极力量和积极品质在人一生中的发展状况，因为对于一个人来说，发展主要还是靠自身所具有的积极的累积，而不仅仅是靠问题的消除。因此，积极心理学在这里就表现出了真正的健康关怀理念。

另一方面，即使是对问题本身的干预，积极心理学也为人类寻找到了另一条有效的干预途径，那就是通过增强人的积极力量或积极品质来克服问题。人的生命过程是一个受多种外在因素影响的过程，在这个过程中，和身体一样，我们的心理不可避免地也会出现各种问题，当然我们有必要对所出现的问题本身进行分析，并针对问题寻找到有效的解决办法。但这并不是克服问题的唯一途径，我们还可以通过另一条增强人的积极力量或积极品质的途径来克服问题。和身体健康一样，心理健康也需要“两条腿走路”。积极心理治疗就是通过增强人的积极力量或积极品质来干预人的心理或行为的手段，积极心理治疗致力于人自身固有的积极力量，提倡用积极的心态来对个体的心理问题或行为问题作出新的解读，并在此基础上通过激发个体自身的内在积极潜力和优秀品质来使个体成为一个健康人，它的核心是让患者自己通过累积或发展自己已经有的积极力量或积极品质来摆脱各种问题。我们应当借鉴积极心理学理念，开展预防高校学生网络心理障碍的活动，一方面有针对性地进行预防教育，另一方面培育学生的积极心理品质。

②培育积极心理品质是预防高校学生网络心理障碍的根本。

积极心理学认为，要想预防学生出现心理问题，心理健康教育就必须致力于培养学生的积极心理品质。因此，培养高校学生的心理自主性、行为自律性和主体发展性，塑造与完善高校学生健全的人格倾向和真、善、美和谐统一的网络社会人格，应是高校网络心理健康教育的重要内容，也是预防高校学生网络心理障碍的关键。首先，要培养高校学生活泼开朗的性格，使高校学生形成利导性思维倾向；其次，培养高校学生快乐的情绪倾向，引导高校学生体验到生活的幸福；最后，教给高校学生消除激烈的内心矛盾冲突的有效方法，帮助他们形成健全人格。心理健康教育是个体的自我构建、自我完善的过程，外力只能起到辅助作用，来自个体的自我教育、自我调控和良好的人格倾向才是根本的动力。因此，对高校学生的网上心理辅导应充分调动他们的积极性，使他们能够掌握有关的网络心理卫生知识，塑造健全的人格，增强他们的自我保护意识，一旦有心理上的问题，能及时寻求心理帮助。

③预防高校学生网络心理障碍要有针对性地进行预防教育。

从心理原因分析，高校学生网瘾的出现是因为现实中的陌生感、无成就感、挫伤感，这些问题都能够在虚拟的网络交际和游戏中得到解决。因此，为了解决学生的网络心理问题，一方面要加强“选择教育”，即通过价值引导，教会高校学生自由、自主地进行合情合理的价值判断和价值选择。通过教育，帮助高校学生适时地走进网络和走出网络。另一方面要从缺失需求和成长需求满足的角度，为高校学生建设良好的外部生活环境，把他们在虚拟世界中获得的缺失性需求和成长性需求的满足转移到现实社会。

（2）加强预防网络犯罪的心理教育。

随着网络使用的日益普及，网络犯罪事件不断发生。其中高校学生网络犯罪事件不容忽视。因此，探寻高校学生网络犯罪的心理原因，加强预防网络犯罪的心理教育，以预防网络犯罪行为的发生，应是高校网络心理健康教育的主要内容。

高校学生网络犯罪的心理原因主要有网络主体法治观念的淡薄、没有罪恶感、强烈的好奇心与表现欲、过于自信、对犯罪后果认识不足等。了解高校学生的犯罪心理后，应对症下药，开展高校学生网络犯罪的预防心理教育。一是对高校学生进行网络伦理教育和网络法治教育，帮助他们树立正确的网络伦理观和网络法治观念；二是引导高校学生合理利用网络且能走出网络，建立积极的人际关系。

因此，高校学生网络犯罪心理及预防也是高校网络心理健康教育的内容之一。要运用犯罪心理学的理论，分析高校学生中的网络犯罪类型及原因，研究预防高校学生网络犯罪的对策。

（3）及时防治高校学生网络心理障碍。

高校学生网络心理障碍要得到及时防治，首先，要对其问题类型和表现进行识别。患“网络心理障碍”的高校学生往往表现为情绪低落、无愉快感或兴趣丧失、睡眠障碍、生物钟紊乱、食欲下降、体重减轻、精力不足、精神运动性迟缓和激动、自我评价降低和能力下降、思维迟钝、有自杀倾向等。

其次，必须建立网络心理危机干预和反应机制。应积极宣传网络心理健康教育与咨询的优点，消除高校学生前来进行网络心理咨询的疑虑。学校应在网站上介绍心理问题或事件紧急处理（或危机干预）的有关条例、心理咨询的有关规章制度等内容，并让指导教师明确处理紧急事务的规范流程和心理辅导的原则及要求。

最后，推进高校网络心理健康教育反应机制的网络化进程，包括心理健康预警机制网络化、心理健康联动机制网络化、心理健康反馈机制网络化等。

三、网络心理素质及其培养

1. 网络心理素质

心理素质是个人整体素质的一个重要组成部分。人的素质主要包括思想道德素质、科学文化素质、专业能力素质、身体心理素质四个方面。其中身体心理素质是其他三个素质的载体，是人的素质中一个非常关键的素质。心理素质在人的整体素质中处于十分重要的地位，具有非常重要的作用，它是人的整体素质的基础和核心，是其他素质形成与发展的内因。

在当今的网络时代，“网络素质”已经成为每个人都要具备的素质，提升网络素质是时代所提出的每个人都要面临的新的核心学习任务。具有网络素质的网络使用者能够独立自主地处理网络信息、利用网络信息，能够在网络世界中游刃有余，应对网络发展所带来的各种挑战。因此，网络心理素质应该由心理素质和网络素质两部分组成，具体包括以下几个方面。

（1）网络知识和网络使用能力。网络知识主要是指关于网络与网络使用的知识，尤其是要充分了解网络的特征。网络使用能力，就是指运用网络、操作网络的能力。

（2）网络批判能力。批判能力是指对网络信息的区分辨别、分析、利用的能力。批判的目标是将现有知识和经验结合起来，以便不断地对已经和正在发生的事情进行反思。批判能力是网络素质的首要组成部分，人应该能够就社会发展对人类生活和网络世界所带来的变化进行思考，因此，网络批判能力是所有其他能力的基础。网络批判能力包括以下三种不同的能力。

第一，分析能力。是指对社会发展和网络发展的现状及后果进行分析、批判和了解。一个具备批判能力的人不会对网络发展以及网络发展所带来的一切后果听之任之，毫无批判、无动于衷，而是会加以区别、选择利用。

第二，自我反省能力。是指对自我网络行为进行反思和适当调整的能力。一个人不仅要学会分析网络内容，而且要能够将分析所得到的知识用于规范自己的网络行为。具有网络批判思维的人不仅能够分析网络的利弊，而且能够通过及时调整自己的行为方式，养成健康的网络行为习惯。

第三，网络道德意识。进入网络，每个人都应该遵循对社会负责，对自己、他人负责的原则使用网络，利用网络。

（3）对因信息超载而导致的焦虑的调适能力。经常上网的高校学生会发现接收的信息越来越多，似乎这些信息都具有价值，他们会觉得自己陷入信息的汪洋大海之中。有一部分人很快就会陷入信息狂热状态，偏执地迫使自己浏览一切可读的信息，当其吸收的信息量超过自身能消化的量时，就会感到对信息无能为力，心理上产生压力，进而形成焦虑。有些焦虑高校学生能意识到，有些他们自己并没有意识到。

1950年，美国学者大卫·理斯曼在《孤独的人群》中首次剖析了信息时代人类的自恋、恐慌、焦虑和孤独。超载的网络信息使人们难以摆脱信息焦虑的困扰。另有研究表明，互联网会使高校学生和社会的接触减少，心理幸福感降低，出现孤独感和抑郁感。当出现信息焦虑状况时，高校学生需要及时作出心理调适，恢复正常的心理状态和机能。

对于高校学生在上网时出现的任何不正常行为和情绪表现，如不满、依赖、孤独、抑郁等情况，学校、家长都要及时给予关注，并及时提供帮助，引导、鼓励他们从不良情绪困境中摆脱出来，告诫他们加强自身的心理调节，通过心理咨询和辅导手段来解决心理问题。

（4）提高网络信息辨识、防御、抵御能力。信息时代、网络科技时代，不懂计算机、不熟悉网络是一种不能适应时代的能力缺陷，人的心理也会因此而受到影响，出现偏差。面对信息与网络，正确区分与使用信息则是更重要的一种心理素质，这是人的精神心理成长的重要内容。

网络信息辨识能力主要包括信息内容、信息形成和信息价值的识别和判断能力，如果缺乏这种能力，面对网络就会陷入盲从、迷失方向的状态，心理就会受到严重影响而出现偏差，出现畸形。辨识能力的培养，是家庭、学校等各个方面都应该时刻关注的问题。这是长期的问题，是一个意识形态领域的工程问题。高校学生的心中要有航标，指引着他们在网络里航行。

辨识是防御的初始阶段，从这个阶段开始就要执行防御和抵御。人体的免疫能力防御、抵御着许多细菌、病毒的侵袭，面对网络也是一样，要拥有健康、良好的网络心理素质，提高心理的信息免疫能力，以及防御、抵御不良信息的能力，这一点很关键。随着心理素质的提升，我们会具有自动免疫能力。正如优秀的杀毒软件，对于计算机病毒具有查杀能力一样。我们也要像杀毒软件一样，随时使自己的心理素质提升层次，这就需要加强自己的思想道德修养，加强文化素质陶冶与修养。

（5）驾驭现实与虚拟的关系的能力。虚拟世界已经成为我们生活的一部分，这也是一种必然，但是我们的生活不是建立在虚拟世界之上的，虚拟世界不应该代替活生生的现实生活。

现实生活中的所有关系都可以迁移到虚拟世界中，以至于当我们的心理需要超越现实时，我们可以在虚拟世界中实现现实中所不能实现的所有愿望和梦想。在网络中适当地发泄，可以成为虚拟人文关怀的一部分，有释放身心压力的作用。但是，虚拟的东西却不能全部迁移到现实中来。在网络中畅游，高校学生要时刻注意虚拟与现实的关系，要时刻保持清醒的头脑，要能够及时迅速有效地转换自己的角色，要有驾驭现实与虚拟的关系的能力。

将现实能力作为虚拟能力的基础。要明白在网络虚拟世界中永远不能实现真实愿望，网络也不能永远作为逃避压力的避风港。相反，网络会削弱实现愿望的能力。现实能力是网络能力的基础，若非如此，网络成瘾者也永远不会从网络的梦中醒来。

2. 网络心理素质的培养

高校学生网络心理素质的培养是网络心理健康教育的重要内容。主要包括以下内容。

（1）教育高校学生正确认识网络，并养成良好的网络使用习惯。

网络是人类科技发展的重要文明成果，技术含量高，文化内涵丰富深邃。对其发展规律和本质属性，走向社会的人群尚不能准确理解，高校学生不能加以准确把握的事情自然就更多了，这就需要教育他们从更高的层次上认识网络。就更高的层次而言，网络是人类生存的重要方式和工具，人类离不开网络。网络同时给人类带来了不少的挑战和困惑，具有不可忽视的负面效应。因此，我们要正确使用网络，不能把一切都寄托于网络。

另外，要使高校学生养成良好的网络使用习惯。良好的上网习惯是全方位的，包括时间、地点、频率。高校学生的上网时间要合理，上网的地点要在父母和学校的监管范围内，频率也不能太高。

（2）教育高校学生及时适度控制不良心态。

网络是一个丰富多彩、光怪陆离的花花世界，面对这个信息良莠不齐、充满诱惑的空间，藏在人们内心深处的梦想以及人们许多的无意识，会在一定程度上受到触动，人们也会因此产生一些不良的心态。进而开始使用格调低俗的语言，观看内容庸俗的信息，轻信五花八门的谣言，发表不堪入目的言论。因此，一定要教育高校学生及时适度控制不良心态，要深入分析高校学生不良心态的产生机制，采取切实有效的措施将其消灭于萌芽状态。

（3）提升高校学生网络道德水平和网络规则意识。

高校学生网民面对诸多网络道德伦理上的考验，要对高校学生进行网络伦理教育，让他们学会自尊、自爱、自律、自省，提升自身网络道德意识和水平。社会应该尽快建立网络伦理规则，形成网上道德氛围，利用网络推动高校学生的道德进步，抵制消极影响。

由于当前网络立法尚不健全、相对滞后，高校学生进行网络欺诈、发布网络垃圾、网络失信现象因缺乏应有的管理监督和约束而时有发生。应加强对高校学生的网络法治教育，培育他们的网络规则意识。

（4）培养高校学生网络理性精神。

网络为人类本性的释放提供了自由的空间与场所，但是网络也需要理性的阳光，才能得到健康发展，使人类向着理想的方向成长。

网络需要理性，网络理性的建设是由网络主体来实现的。高校学生网络理性行为心理的养成，不仅依赖于对网络人文精神的高度关注，更需要在正确的网络观、理性的网络人格和突出人的主体性的“以人为本”的人文理念的作用下，通过长期实践加以培养。高校学生网络心理健康教育应致力于培养高校学生的网络理性精神。

综上所述，高校学生的健康网络心理素质应包含以下三个方面的内涵：一是高校学生的心理素质必须适应现代网络社会的心理要求，满足网络社会的心理需要；二是高校学生的网络心理素质必须具有鲜明的网络时代特征；三是高校学生的网络心理素质与以往人的心理素质相比应达到较高的心理发展层次，具有较高的心理发展水平。

第二节　高校网络心理健康课程的目标

改革创新是教育发展的强大动力，当前高校学生思想和行为引导的动力来源有很多，网络则是诸多动力源中最为强大、最为直接的力量，而互联网更是有力地促进了新时期思想政治教育的现代化进程。本节将从目标确立、理念创新、原则遵循三个方面开展具体研究，为构建基于互联网思维的高校学生思想和行为的引导体系提供思路。

一、高校网络心理健康课程目标的确立

互联网思维不仅促进着教育工作者与受教育者观念上的改变，更引发教育观念、教育模式、教育内容、教育手段等各个方面的调整、创新、改革和完善。明确基于互联网思维的高校学生思想和行为引导的目标，对本书研究的开展有重要的指导作用。

1. 促进高校学生全面、主动、个性化、可持续发展

互联网时代的到来为高校学生的全面发展提供了良好的条件。基于互联

网思维的高校学生思想和行为引导就是要借助互联网的思维方式，更好地促进高校学生的全面发展。

（1）促进高校学生的全面发展。

什么才是高校学生的全面发展呢？习近平总书记在北京大学师生度谈会上的讲台指出：“我们的教育要培养德智体美全面发展的社会主义建设者和接班人。”全面发展须包含以下内容。第一，人的自然性与社会性的协调发展。这是高校学生全面发展的立足点。关注高校学生作为人的本质，即不仅从人的自然性出发，也不单纯地从人的社会性出发，而是将二者协调统一。一方面，把高校学生的教育培养融入社会的大环境中；另一方面，在高校学生的教育中强化社会性的教育。第二，德才兼备。这是高校学生全面发展的标准。德是品德，才是才能，德才兼备就是指既要重视高校学生的道德品质培养，又要重视高校学生的专业能力提升，二者缺一不可。忽视其中之一，必定会造成高校学生的发展较为片面，有知识缺少文化、有文化缺少教养、有青春缺少热血、有目标缺少信仰等都是十分危险的。培养德才兼备的高校学生，就是为国家社会主义事业培养可靠的建设者和接班人。第三，人文素养与科学素养的协调发展。这是高校学生全面发展的内涵。21世纪是一个发展迅速的世纪，自然科学和人文科学的结合帮助人们产生了一系列认识世界的重大发现和改造世界的重要成果。要将高校学生培养为适应21世纪的创新人才，就必须促进人文教育与科学教育的融合，把高校学生培养为既有高尚的人文情怀，又有良好的科学素养的复合型人才。第四，生理和心理的协调发展。世界卫生组织对健康有着明确定义，它指出只有生理和心理的都健康才是真正意义上的健康，身心健康是高校学生全面发展的基础。对于高校学生而言，要想拥有真正的健康，必须做到生理和心理的协调发展、和谐统一。身心健康是高校学生学习知识、锻炼才干的重要保证，更是高校学生未来终身学习、服务社会的坚实基础。

（2）促进高校学生的主动发展。

“以学生为本”的理念不仅强调学生的全面发展，还倡导这种发展是由学生主导的主动发展。《国家中长期教育改革和发展规划纲要（2010—2020年）》

中强调："营造独立思考、自由探索、勇于创新的良好环境。"《中共中央 国务院关于深化教育改革全面推进素质教育的决定》中也指出："全面推进素质教育，要坚持面向全体学生，为学生的全面发展创造相应的条件……尊重学生身心发展特点和教育规律，使学生生动活泼、积极主动地得到发展。"在互联网时代，人的主动发展比其他任何时候都显得必要，人的主动发展是现代社会发展的客观要求。高校学生终将迈出高校的校门，离开师长的呵护，只有实现自我的主动发展，才能适应未来社会的快速、持续的发展。高校的思想教育引导工作必须着眼于高校学生潜能的呼唤、挖掘和提升，促进高校学生的主动发展。所谓高校学生的主动发展，就是高校学生以实现全面发展为目的，通过自我指向自身所进行的调控、改造和提升的一种高度自觉、自律、自主的个人活动。

促进高校学生主动发展的核心是关注高校学生发展的合一性、内发性和能动性。第一，合一性，即高校学生发展的主客体的一致性。在传统情况下，高校学生往往作为学校、家庭和社会的教育对象，成为教育的客体。但在高校学生主动发展的过程中，高校学生既是教育的主体又是教育的客体。教育的主体、客体都是学生，合二为一，一体两面，统一在同一个学生个体之中。第二，内发性，即是指高校学生的发展不是受任何人强迫的，而是由自身的内在需求所驱动的。但这种内发性也会受到环境和他人的影响，因此，给高校学生创造良好的发展环境和树立发展的榜样都是激发高校学生内发性的有效手段。第三，能动性，即高校学生在发展中表现出来的主动性。高校学生自我发展就是将被动的发展转变为主动的发展的过程，也是教育内化的过程。高校学生不再是被动地等待别人告诉其应该做什么、应该怎么做，而是主动地去拟定发展目标，有目的、有计划地自觉进行改造和提升自我的过程。高校学生的能动性越强，自我的内驱力也越大，自我发展过程中的自觉性也越高，自我发展的效果也会越好，从而形成自我发展的良性循环。

（3）促进高校学生的个性化发展。

马克思关于人的全面发展理论认为，对于人的全面发展来说，个性的充分发展属于最高境界。"人的全面发展是指人的体力和智力获得充分的自由的发展，人的个性得到丰富的表现，人的各种才能和能力得到全面的发挥。人的这种发展使他在复杂多变的生活面前更加主动，更加有创造力，从而更加自由。人的全面而自由的发展不是个别现象，而是普遍要求，是要实现每一个人的全面而自由的发展。”①当代高校学生受到多元价值观的影响，他们的世界观、价值观、人生观呈现出个性化和差异化的特征。要实现高校学生的全面发展就必须促进高校学生个性化发展。高校学生个性化发展包括以下三个方面内容。第一，独特性和共同性的协调发展。独特性是个体区别于其他人的特征，共同性则是人类在身体、心理、社会等方面具有的相同特征。唯物辩证法认为“个性”即特殊性，“共性”即普遍性，二者密不可分，辩证统一。高校学生的个性化发展既包括与他人不一样的“个性发展”，也包括与他人一致的“共性发展”。第二，自然性和社会性的协调发展。马克思强调，将来的社会是“以每个人的全面而自由的发展为基本原则的社会形式”②，并把这种社会形式命名为“自由人的联合体”。“个体的全面性并非假想的全面性，而是其观念关系与现实关系的全面性。”③因此，高校学生的个性化发展不是脱离社会孤立进行的，而是受到社会发展的影响和约束的。高校学生的个性化发展是自然性和社会性的协调发展。第三，稳定性和可变性的协调发展。个性化发展是指个体在自身特质和需求的基础上进行自我发展的活动，这些活动具有一定的持久性和连贯性。另外，在主体的成长过程中，受自我不断地丰富成熟和外部环境的影响，主体都会对自我发展的方向、路径等作出调整。因此，高校学生的个性化发展不是一成不变的，而是既有稳定性又有可变性的。

（4）促进高校学生的可持续发展。

可持续发展最早源自环境保护的一个基本理念，1980年可持续发展的概念首次出现在《世界自然资源保护大纲》中，而后这一理念的出现迅速得到了国际社会的广泛认同，并从环境保护领域拓展到经济、教育、社会发展等

① 马克思，恩格斯．共产党宣言[M]．北京：人民出版社，2018.
② 马克思，恩格斯．共产党宣言[M]．北京：人民出版社，2018.
③ 马克思，恩格斯．共产党宣言[M]．北京：人民出版社，2018.

多个领域，可持续发展成为一种全新的发展观。以人为本是科学发展观的关键，可持续发展是科学发展观的基本要求之一。可持续发展不仅是经济、政治以及社会的可持续发展，而且是人的可持续发展。以人为本，就是要推动人的可持续发展。而培养可持续发展的能力是实现可持续发展的核心。高校学生作为未来社会的建设者，他们的可持续发展能力对未来社会的发展起着重要的作用。所谓高校学生的可持续发展能力，就是指高校学生通过一定的教育所形成的，持续不断地获取知识和运用知识不断自我完善、自我发展的能力。这种能力除了能够实现社会与个人目前的发展需求，还能促进个体今后的发展，包括其更好地适应社会打下基础。高校学生具有的可持续发展能力包括以下几方面。第一，生存能力。生存能力是指维护和促进自身身体和心理健康的能力。通过生存能力的培养实现身心的可持续发展，是实现高校学生可持续发展的基础。第二，学习能力。学习能力是指通过不断的自我学习，获取新的知识、新的技能的能力，是实现高校学生可持续发展的重要保证。一个人的发展不仅取决于他现在掌握的知识有多少，更取决于他能否不断地学习和掌握新的知识。联合国教科文组织重新定义文盲的概念：“未来的文盲,不再是不识字的人,而是没有学会怎样学习的人。”[①]终身学习已成为社会的共识。同时，面临社会发展的速度越来越快、信息和知识的迭代频率也越来越高的现实，学习能力能够帮助高校学生跟上时代发展的速度，完成职业生涯方面的可持续发展。第三，选择能力。选择能力是促使高校学生完成可持续发展的关键因素，同时这一能力在很大程度上决定了高校学生的发展方向。在多元化的社会中，高校学生要面对课程选修、就业选择等大大小小的无数次的选择，每一次选择都或多或少地影响着高校学生未来的发展。因此，培养高校学生的选择能力，让学生学会结合自身的实际情况，收集、整理、筛选信息，理性地分析，科学地判断，作出最有利于自身发展的选择就显得尤为重要。第四，社会适应能力。社会适应能力是实现高校学生可持续发展的外部动力。人不可能独立于社会存在，只有具有社会适应能力的人，才能

① 联合国教科文组织国际教育发展委员会．学会生存——教育世界的今天和明天 [M]．北京：教育科学出版社，1996.

在社会中获取更多和更优质的生存和发展的空间。高校学生社会适应能力就是指高校学生按照人与自然、人与社会的发展规律，有意识地自我调整自身行为方式，适应社会需要的能力。社会适应能力能够帮助高校学生实现与自然、与社会的持续和谐发展，从而实现真正的人的全面发展。第五，创新能力。社会的进步与个人的发展都离不开作为高校学生可持续发展及人类社会发展的原动力的创新能力。创新能力属于高校学生可持续发展能力的核心。创新就是对知识和技术批判地继承、突破和升华。培养高校学生的创新能力就是要赋予他们敢于批判的精神、勇于突破的勇气和科学的思维。

2. 促进高校学生心理健康教育体系的创新

运用互联网思维从理念、平台、内容、环境、队伍等方面实现创新，从而全面促进高校学生思想和行为引导体系的创新。

（1）更新教育理念。

互联网蓬勃发展的这二十多年正与当代高校学生成长的年代相重合。高校学生从小就被网络环境所包围，他们享受着互联网带来的便利，他们的思想和行为也被互联网深刻影响着。互联网时代，网络技术和网络工具的发展和应用，互联网思维的应运而生，无疑都对高校学生思想和行为引导工作产生着深刻的影响，它带来的不仅是教育手段和方式上的创新、教育资源和平台的丰富、教育环境的优化，更重要的是它从源头上推动着高校学生思想和行为引导工作在理念上的更新。高校学生思想和行为引导只有从理念上创新，才能从根本上打破旧的、固定的教育模式，从新的视角、新的思维模式去探索新的教学方法，从而形成新的教学结论和观点，进而用于指导教育实践。基于互联网思维的高校学生思想和行为引导的理念创新有以下几个特点。第一，客观性。理念的创新产生于客观的实际需要，也就是要满足学生全面发展的实际需求。理念的创新产生于教育实践中，在“实践——认识——再实践——再认识”的过程中，实现创新。第二，继承性。理念创新的前提是继承，以继承为起点，在对原有的知识和经验的认知基础上，以顺应时代为特点，在教育引导工作的实践中逐步产生。第三，突破性。互联网思维就是对原有思维的突破，基于互联网思维下的高校学生思想和行为引导的教育理念也是对原有教育理念的突破。这一过程实际上是“破”“立”的统一的过程。“破”是指破除过时的错误的教育理念，“立”是指创立符合时代要求的正确的新的教育理念。第四，发展性。高校学生思想和行为引导的教育理念不是一成不变的，而是随着学生的思想和行为，社会、环境以及技术发展的变化而不断变化的。

（2）创新教育平台。

传统的高校学生思想引导的平台就是思想政治理论课堂，课堂讲授以投影仪、幻灯片、PPT的运用为主。传统的教育平台的局限性和平台教育手段的滞后性在互联网时代就显得尤为突出，显然已经跟不上时代的发展和高校学生的需求。互联网思维为高校学生思想引导的平台和平台教育手段的创新拓展了空间。首先，丰富教育平台的多样性。基于互联网思维，可以打造多样化的“互联网+教育”平台。例如开放的教育理念，加强政府、高校、企业间的合作，共同打造高质量的互联网思想政治教育平台，促进高校学生思想和行为引导的资源共享。整合高校里各种存在于网络当中的思想政治教育资源，创建以学生思想政治教育为主题的学习网站，推出微博和微信公众号学习平台，使之成为高校学生学习、交流、互动的阵地。其次，提升教育平台的即时性。网络的即时通信把世界变成了一个“地球村”，高校学生思想和行为引导工作如果不抓住网络这一特点，将严重滞后于主体的需要。互联网思维的运用将提升教育平台的有效性，使教育内容的形态由平面转变成立体，由静态转变成动态，从现时空趋向超时空，可以充分应对网络的超信息量，让教育内容变得丰富而全面，提供不同视角的解读，满足受教育者的需求。最后，促进教育平台的智能性。基于互联网思维的高校学生思想和行为引导研究有一个突出的特点，就是互联网技术手段的广泛运用，它借助一系列现代教学设备，包括数字工作室、网络虚拟平台、各类网络软件等，让教育工作者把文字、图像、视频、动画、声音等有机结合起来，并完成一系列交互式操作，使高校学生思想和行为引导中的复杂问题简单化、抽象问题具体化、枯燥问题趣味化、深奥问题直观化，增强了教育的吸引力、感染力和智能性。

（3）拓展教育内容。

由于受到条件的限制，在传统的高校学生思想和行为引导过程中，教师所讲授的内容往往是有限的，其多从教材、报纸杂志、文献及专著中寻找一些内容相关的素材，教育内容来源单一。当下互联网时代有效地缓解了这一难题，整合了线下与线上的海量信息，极大地拓展了教育的资源、丰富了教育的内容。互联网时代下的高校学生思想和行为引导的内容，已经从单纯的物理空间的内容向物理空间与虚拟空间相结合的内容转换。互联网时代，全球都受到了信息化、网络化的全面而深刻的影响，世界各国的政治、经济、文化、教育、科技、思想等多元的信息在网络中快速、直接地传播，并在相互碰撞和渗透过程中沉淀下来，从而构成了高校学生思想和行为引导的新内容。互联网思维中的多元性在教育内容中得到了充分的体现，其开放性和无边性的特点形成了一个巨大的资源库，其中所承载的海量信息促进了教育内容的拓展，给教育工作者收集教育内容提供了新空间。互联网思维帮助教育内容从平面化走向立体化，由静态转变为动态，从现时空趋向超时空。

（4）优化教育环境。

人是环境的产物，人的全部思想和行为的产生和形成都受到周围环境的影响。因此，高校学生在成长过程中，无时无刻不与周围的环境发生着联系，受其所处环境的影响和制约。环境对高校学生的思想和行为起着潜移默化的作用。高校学生思想和行为引导的改进和加强必须优化高校学生成长的环境。传统的高校学生思想和行为引导中，教育环境是相对固定在校园范围内，是稳定物化的，通过视觉、嗅觉等可以直接感触得到。基于互联网思维的高校学生思想和行为引导工作，则建构的是一种校园环境和社会环境即小环境与大环境结合、现实环境与网络环境即实体化与虚拟化融合的教育环境。基于互联网思维的高校学生思想和行为引导的教育环境呈现出以下三个特征。第一，结构的复杂性。高校学生思想和行为既受高校内部环境的因素影响，又受到校园外部的社会环境因素影响，还受到网络空间环境的因素影响，多重环境因素相互交织，共同作用，导致教育环境错综复杂。第二，发展的动态性。社会存在决定社会意识。环境变化必然引起高校学生思想和行为的变化。

随着社会的发展，社会环境中政治、经济、文化等因素在不断变化。随着科技的进步，网络环境中的技术、方法也在不断迭代。这些动态都会体现在高校学生思想和行为引导的环境中。第三，效果的潜在性。环境对高校学生思想和行为的引导是通过潜在的熏陶和渗透来实现的，因此教育效果不会立竿见影，需要时间的沉淀。

（5）增强工作队伍建设。

增强工作队伍建设是做好基于互联网思维的高校学生思想和行为引导的重要组织保证。随着时代的发展，对高校学生思想和行为引导提出了更高的要求，相应地对工作队伍的建设也提出了更高的要求。我们急需建立一支具有较高政治理论水平、熟悉思想政治教育规律、掌握高校学生思想和行为特点，有效掌握网络技术、熟悉网络文化特点、能够在现实空间和虚拟空间进行高校学生思想和行为引导的工作队伍。传统意义上，这支队伍仅包括思政课教师、辅导员，但当今应当运用互联网思维的开放性，打破传统桎梏，将更多的人员，包括高校教授学者、校外专家、网络技术人才、学生骨干等纳入队伍建设的视野，构建一支开放性的高校学生思想和行为引导工作队伍。这支队伍遵循共同的教育引导目标，在工作分工中明确各自的定位，相对独立开展工作的同时，更强调互相配合形成联动机制，在不同时间、领域形成高校学生思想和行为引导的合力。

（6）提升教育效果。

传统的高校学生思想和行为引导工作，主要是思想政治理论的课堂教学、理论宣讲等形式。然而，被互联网思维深刻影响的高校学生思维多元、个性张扬，“拒绝被灌输”是他们普遍的心理，传统的教育引导又多以单向的理论灌输形式开展，这就大大地弱化了高校学生的接受度，也降低了高校学生思想和行为引导工作的效果。随着互联网的广泛运用，特别是互联网思维在高校学生思想和行为引导上的运用，弥补了传统教育的不足。第一，提升实效性。互联网时代下，传统媒体和新兴媒体之间不断融合，信息的生产与发布方式更多样、传播渠道更便捷、传播形式更多元，例如常见的贴吧、微信、搜索引擎、微博、网络视频等，这些表现形式和技术的融合深得高校学生的青睐。对此教育引导工作可以借助互联网的表现功能进行有效改善，开辟新的工作阵地，以形式多样的教育手段，并注重结合当代高校学生的思想特点，使教育引导工作变得更加生动具体，更富有感染力与吸引力的同时，加深高校学生对教育内容的理解，提升高校学生的认同感。一旦高校学生能够自愿主动地接受教育引导，相关工作将事半功倍。在网络平台上，内容丰富、图文并茂的资料充斥其间，高校学生可以根据自己的兴趣爱好和认知程度自主选择相关内容，思想政治教育工作者也可以有针对性地推送相关内容。这样，高校学生就可以在较为轻松的环境中，在主动探索知识与感受视听冲击的过程中，让思想潜移默化地受到影响，达到“润物细无声”的渗透效果。高校学生在无意间就以喜闻乐见的方式接受教育，从而有利于提高教育的效果。第二，提升时效性。在互联网时代，互联网跨时间、跨地域的特点打破了教育的时空局限。高校学生可以通过互联网拓宽自身的视野，并能够在第一时间接触、掌握国内外政治、教育、军事、经济等领域的信息，缩短高校学生与外界的距离。互联网快速发展的今天，高校学生可以通过多种网络平台与老师、同学进行沟通交流，这既有助于高校学生的内心情感得到更加真实的表达与交流，又有助于教育工作者及时了解和掌握高校学生的思想及心理的动态变化，及时解决问题、预防问题，极大地提高教育的时效性。

二、高校网络心理健康课程理念创新

1. 树立以学生为本的理念

以人为本是马克思主义唯物史观的体现。马克思主义认为，人是自然属性和社会属性的结合体，人既有自然需求，又有社会需求。2017年2月，中共中央、国务院印发的《关于加强和改进新形势下高校思想政治工作的意见》指出，要推进高校思想政治工作改革创新，要贴近师生思想实际，以改革创新精神做好高校思想政治工作，加强互联网思想政治工作载体建设，加强学生互动社区、主题教育网站、专业学术网站和“两微一端”建设，运用高校学生喜欢的表达方式开展思想政治教育。随着改革开放和信息化建设的不断深入，我们要进一步强化以人为本的理念，将“以学生为本”作为高校落实

“以人为本”的科学发展观的核心。以学生为本既体现了对马克思人学思想精髓的传承，也是现代高校思想政治教育工作的必然趋势。

（1）以学生本体为本。

“以学生为本”从字面上理解，就是要以学生为中心，以满足学生的需求为工作的目标和核心。贯彻以学生为本的理念的前提是要尊重学生的主体地位。尊重学生的主体地位包括以下三个方面的内容。首先，尊重学生的权利。人的生存、发展、人格、个性、尊严是人的基本权利，尊重学生就是要尊重学生这些基本权利。人对尊重的需求，是由人的本质所决定的，是人对社会需求的较高层次的表达。当前高校学生群体渴望被尊重，渴望平等地与老师、与社会交流，这都反映了学生对精神需求和自我价值实现的日益重视。因此，尊重学生是做好思想引导教育的大前提，也是坚持以学生为本的理念的基本前提。尊重学生的基本权利，也就是要尊重他们的主体地位，以民主的方式和平等的地位与学生交流，建立亦师亦友的新型师生关系，增强学生在思想上和情感上的认同度和归属感。其次，尊重学生的需求。需要属于个体本质的、内在的一种规定性，同时也是其所有生命活动的根据与动力。需要的满足程度直接涉及人的本质的实现程度。利益需求是调动人的积极性的重要手段。对于高校学生这个群体而言，他们比以往更重视个人利益的需求，既包括物质利益也包括精神利益，既有眼前利益又有长远利益。因此，作为教育工作者，一方面，要重视和着眼于满足高校学生的根本利益，即高校学生的成长成才和全面发展，并以此为目标，开展符合高校学生内在需求的教育引导活动，因势利导，促进高校学生的健康成长。另一方面，要借助高校学生日益成熟的理性思维，引导高校学生树立正确的利益观，引导高校学生将自我成长成才的内在需求与国家、民族的外在需求相结合、相统一，鼓励高校学生通过正当手段追求个人利益，调动高校学生自我教育的积极性和主动性，形成强大的精神驱动力。最后，尊重高校学生的个体差异。一位哲人曾说：“世上没有任何两粒沙子是一样的，也没有任何两片相同的树叶。”这正是高校学生的真实写照。由于遗传、家庭环境、成长经历等的不同，高校学生的性格、能力、知识储备、特长等也各有不同，学生之间存在个体差异。“以学生为本”运用到高校学生思想和行为引导之中就是要承认并尊重高校学生之间的差异，顺应规律，因人而异，因材施教，做到“一把钥匙开一把锁”。

（2）以学生发展为本。

建设社会主义现代化强国就是要以促进人的全面、协调和可持续发展为目标。作为人的全面发展中的目标主体的“人”是个体概念，同时也是集体概念。作为个体概念时，“人”是社会中独立存在的个体，是物质本体与意识组成的自然人。作为集体概念时，“人”是每个独立个体的总和，即人类整体。自然人通过劳动关系构成一个完整的社会关系形成系统的外在矛盾关系，人“是一切社会关系的总和”；两个概念中的“人”，一方面相互依存，成为人的全面发展的复合主体；另一方面又彼此促进，共同发展，这样才能实现“人”的全面发展。人的全面发展思想指的是，社会中的人以物质本体和大脑意识为基础，通过在社会实践中劳动关系的确立，自由平等地发展自身内涵本质，增强自身素质和能力，逐步成为社会人的过程。人的全面发展应包括能力、需求、个性、人际关系等多方面的发展。在这个过程中，社会人通过多个个体的发展促进整体社会人的发展，进而推动整个社会的全面发展。运用到高校学生中，就是高校在人的全面发展学说的指导下，引导高校学生的思想和行为，从而帮助高校学生了解社会、世界的真实情况和人生、自我的真实需要，理解责任、使命、同情心等价值观的内在本质，帮助其更快地融入社会，推动社会的全面发展。

（3）以学生整体为本。

如果说“以学生为本”让学生得到全面的发展是纵向维度上对教育提出的要求的话，那么让全体学生都得到发展则是在横向维度上对教育提出的要求。马克思认为一切人的自由发展的条件是单个人的自由发展。我们党要实现的人的全面发展不是某一个人的解放和全面自由发展，而是人类整体的全面发展。习近平总书记也提出了“人类命运共同体”的概念。让全体学生都得到发展是现代教育民主化的重要特征之一。每个学生都是独立的个人，每个学生都有独特的个性，每个学生都有权利接受适合其个性的教育，从而实现学生个人价值的最大体现。教育民主化可以分为外部民主和内部民主。外部民主主要表现在教育的覆盖面上，要让教育尽可能地普及到每个学生，强调覆盖的无死角。内部民主则表现在让每个学生都能得到发展。每个学生都是教育的主体，每个学生都有接受教育的权利，每个学生也都具有独特的个性和特点，所以每个学生都应该接受适合其全面发展的教育。这就要求我们的教育要在尊重每一个学生、尊重每一个学生的个性和特点的基础上，以每一个学生的全面发展为目标，为每一个学生提供平等的资源和机会，引导学生实现个人价值。我们的思想和行为引导工作面向的不仅仅是一个人，或一群人，而应该是面向100%的学生实现全覆盖。作为思想政治教育工作者，首先，要平等地看待每个学生、真诚地接纳每个学生，不应因其身份、贫富等区别对待，应该为每个学生提供均等的教育机会，这也是实现教育公平的前提。其次，要与每个学生平等对话，关注每个学生，了解每个学生的需求。当前高校学生群体的多元化趋势日益明显，高校学生的需求也呈现出多样化，包括学业、人际关系、生活、就业、心理等多方面。我们只有走进高校学生的生活和思想，才能把握他们的现状和需求。最后，就是在对每个学生的精准把握的基础上，想学生之所想，急学生之所急，开展分类别、分层次、有针对性的教育引导工作。只有这样，高校学生思想和行为引导工作才能取得实实在在的成效。需要指出的是，现代信息化手段为实现教育的全覆盖提供了全新的途径和技术支撑。比如我们可以通过微信、微博、QQ群等形式拓展与学生交流的途径，还可以利用大数据技术来扒取和分析包括学生出入图书馆情况、上课出勤情况、上网情况、生活消费情况等在内的各种因素，对每个学生实现“精准画像”，可以实现对100%的学生情况的精准掌握。同时，运用大数据的预判功能帮助我们有针对性地开展工作。信息化时代让教育工作以学生整体为本成为可能。

2. 树立“三全育人”的理念

高校学生思想和行为引导工作是一项复杂的系统工程，各个子系统的功能互相配合，才能形成育人的整体效应。要在高校学生思想和行为引导的实际工作中通盘考虑，努力构建工作的大格局，汇聚工作的合力。中共中央和国务院对高等学校提出了纲领性的要求，明确提出了要构建“全员育人、全程育人、全方位育人”的“三全育人”工作格局。高校必须坚决地、不折不扣地落实“三全育人”这一理念。习近平总书记在全国高校思想政治工作会议上强调：“高校立身之本在于立德树人”，“要坚持把立德树人作为中心环节，把思想政治工作贯穿教育教学全过程，实现全员育人、全方位育人。”[①]总的来说，“三全育人”的理念就是要围绕人员、时间、空间三个要素，实现在三个维度上的“全覆盖”，最终形成全员、全程、全方位育人的立体育人网络。第一，人员要素。“全员育人”在人员要素上强调的是人员主体的改变和扩充。育人主体不再是传统教育理念中思想政治教师这个狭隘育人主体，而是要求全体成员都必须承担起育人的职责，在育人的过程中发挥积极的作用。第二，时间要素。全程育人是指将育人过程贯穿学生成长的每一个过程、环节，无时无刻不在学生学习成长中体现。第三，空间要素。“三全育人”中的全方位育人就是指要在课堂、校园、社会、网络等不同的空间开展全方位的教育引导工作，促进高校学生德智体美全面发展，全面成才。

（1）整合力量，落实“全员育人”。

党的几代领导人都一再强调：思想政治工作，各个部门都要负责。共产党应该管，青年团应该管，政府主管部门应该管，学校的校长教师更应该管；要形成党委统一领导、党政各部门和各人民团体齐抓共管、各负其责的工作体制，全面做好宣传思想工作。[②]“全员育人”有两个层面的含义。第一，要求高校的育人主体要包括除高校思想教育工作者以外的学校领导、全体教师、行政人员和后勤保障人员在内的学校全体教职员工。强调每位教职员工都要强化育人的意识，提高育人的能力，自觉承担起对高校学生进行思想和行为引导的工作任务，将思想政治教育渗透到学校教学、管理、服务的各个环节中去，形成全员参与育人氛围。雅斯贝尔斯认为：“所谓教育，不过是人对人的主体间心智交流活动，使他们自由地生成，并启迪其自由天性。”[③]第二，使得高校学生的思想和行为引导工作不再是思想政治教育工作者的“单打独

① 习近平．把思想政治工作贯穿教育教学全过程 开创我国高等教育事业发展新局面 [N]. 人民日报，2016-12-09.

② 党的宣传思想工作理论的重大创新 [N]. 光明日报，2013-11-12.

③ [德] 卡尔·雅斯贝尔斯著．什么是教育 [M]. 邹进译．北京：生活·读书·新知,1991.

斗”，而是所有教职员工的“工作职责”。“全员育人”就是要学校领导高度重视，各部门明确岗位职责，责任落实到位，部门之间有效整合资源、建立工作联动机制，落实责任到人，使整个学校成为一个育人的有机整体。让高校思想政治教育工作从“专人负责”转向“人人负责”。

（2）纵向到底，实施“全程育人”。

“全程育人”彰显了高校学生思想和行为引导工作在时间维度上的延续性。一方面，强调将育人工作贯穿高校学生学习生活的全过程。不放弃任何育人的时段，贯穿高校学生从早到晚的全时段和从入学到毕业的全过程，整个过程紧密衔接、环环相扣、不留死角。特别注重在高校学生课余时间和假期时间进行教育，不让这些时段成为育人的空档期。比如在课堂之外，积极开展第二课堂活动，通过专家讲坛、形势政策报告会等对高校学生开展思想教育和行为引导。此外，还强调在育人环节要根据高校学生成长成才的内在规律，针对高校学生各阶段的不同的需求，在高校学生成长的关键节点，科学合理地安排工作进度，实现教育资源的合理配置，增强高校学生思想和行为引导工作的延展性。实现24小时、365天、4年的零遗漏的全过程育人的闭环。另一方面，全过程育人强调育人工作要着眼于学生的整个人生。强调把对高校学生的思想和行为引导工作置于学生的世界观、价值观、人生观的整个形成过程中。推进高校学生思想和行为引导工作与基础教育阶段衔接，向后延伸与社会大课堂相呼应，实现育人工作从短期教育到终身育人的转变，从而促进学生的可持续发展。

（3）横向到边，推动“全方位育人”。

“全方位育人”展现高校学生思想和行为引导工作在空间维度上的延展性。一方面，体现在育人目标的全方位，通过实施思想政治教育、专业知识教育、心理健康教育、美育教育、职业生涯教育等，从根本上提升高校学生的综合素质，实现高校学生包括德育、智育、身体、心理等的全面发展，杜绝片面育人。另一方面，体现在育人方式的全方位融合。全方位育人提倡创新育人方式，特别是在互联网时代，借助互联网思维模式，实现线下线上、课内课外、校内校外、国内国外、课堂教育与实践教育、显性教育与隐性教育等的有机融合，实现高校学生思想和行为引导工作从平面走向立体，从一维走向多维的转型。

高校学生思想和行为引导不是几个孤立的点，而应纵成一条线，横成一个面，立成一个体。“一条线”指的是高校学生思想和行为引导要贯穿高等教育的全过程，在纵向形成一个完整的教育引导体系。“一个面”指的是高校学生思想和行为引导要覆盖全部学科，覆盖学校各项教育教学活动。“一个体”指的是强化高校学生思想和行为引导的顶层设计，以“一盘棋”意识打造一体化管理系统，从而确保全程育人、全方位育人。

3. 树立一元主导与多元共存的理念

由于互联网的高速发展，文化、社会多元化现象日趋显著。在这样的背景之下，应对多元文化的激荡、多样社会的冲击、个性发展的需求，就必须坚持一元主导与多元共存的理念，既要坚持以社会主义核心价值观为主导，又要继承中国传统文化精髓，同时借鉴西方优秀文化。

（1）坚持社会主义核心价值观。

2006年，在党的十六届六中全会中首次提出了“建设社会主义核心价值体系”，同时具体阐述了社会主义核心价值体系所包含的基本内容——马克思主义指导思想、以爱国主义为核心的民族精神和以改革创新为核心的时代精神、社会主义荣辱观、中国特色社会主义共同理想。同时强调社会主义核心价值体系的基本内核为社会主义核心价值观。2022年10月，习近平总书记在党的二十大报告中明确指出：“教育是国之大计、党之大计。培养什么人、怎样培养人、为谁培养人是教育的根本问题。育人的根本在于立德。全面贯彻党的教育方针，落实立德树人根本任务，培养德智体美劳全面发展的社会主义建设者和接班人。”[①]2023年3月，十四届全国人大一次会议和全国政协十四届一次会议要求：“要坚持育人的根本在于立德，善用‘大思政课’铸魂育人，以中华优秀传统文化教育涵养历史自信、文化自信，加快发展素质教育，

① 习近平．高举中国特色社会主义伟大旗帜 为全面建设社会主义现代化国家而团结奋斗——在中国共产党第二十次全国代表大会上的报告 [J]. 求是，2022(21).

培养德智体美劳全面发展的社会主义建设者和接班人。”①

（2）继承中华优秀传统文化。

“欲知大道，必先为史。”马克思认为：“人们自己创造自己的历史，但是他们并不是随心所欲地创造，并不是在他们自己选定的条件下创造，而是在直接碰到的、既定的、从过去承继下来的条件下创造。”②在漫漫五千多年的历史长河中，中华民族在繁衍生息中创造出的灿烂的历史文化，是数千年积淀的智慧结晶，是中华民族宝贵的精神财富。中华优秀传统文化在诞生、融合、发展、传承的过程中体现出了无与伦比的时代性、包容性和优越性，而这也正与我国的思想政治教育事业的要求和目标相契合。这就从根本上决定了中华优秀传统文化对于现今互联网时代下的思想政治教育工作而言，仍然具有不可替代的重要意义和价值，是中国特色思想政治教育工作中不可或缺的重要因素。2013年，习近平总书记在庆祝中央党校建校80周年时，阐述了我国优秀传统文化对人的成长的重要作用，并强调：“中国传统文化博大精深，学习和掌握其中的各种思想精华，对树立正确的世界观、人生观、价值观很有益处。……学史可以看成败、鉴得失、知兴替；学诗可以情飞扬、志高昂、人灵秀；学伦理可以知廉耻、懂荣辱、辨是非。”③因此，充分利用优秀传统文化服务当代高校学生的思想和行为引导，运用优秀传统文化丰富教育内容，增强教育的效果，具有重要的现实意义。

（3）借鉴西方优秀文化。

在人类6000年的历史发展历程中，世界各地诞生了众多灿烂辉煌的文明，前后共出现过二十六个文明形态，包括了历史悠久享誉世界的古希腊文明、古罗马文明、古埃及文明、两河文明、古印度文明等。这些优秀的文化从诞生之日起就带有各自鲜明的民族文化特征，并且在长期的历史发展进程中各自发展出了独特的文化体系。习近平总书记曾指出，文明是多彩的，人类文

① 求是网．善用“大思政课”铸魂育人[EB/OL]. 求是网，[发布日期未提及]. [2023-11-12]. http://www.qstheory.cn/.

② 卡尔·马克思．路易·波拿巴的雾月十八日[M]. 北京：人民日报出版社，2001.

③ 习近平．在中央党校建校80周年庆祝大会暨2013年春季学期开学典礼上的讲话[EB/OL]. (2013-03-01). http://www.qstheory.cn/2019-07/01/c_1124694716.htm.

明因多样才有交流互鉴的价值。文明是平等的，人类文明因平等才有交流互鉴的前提。文明是包容的，人类文明因包容才有交流互鉴的动力。人类文明的多样性，既是人类社会发展历程的客观事实，又是人类社会发展的内在驱动力。在全球化的今天，文化的发展与高校学生的思想和行为引导日益呈现出密不可分的状态。一方面，人类优秀文化为教育引导提供了丰富的内容上的支撑。另一方面，对人类优秀文化的吸收、利用、借鉴也是思想教育工作者在教育实践中对马克思主义历史观的继承和发展。基于互联网思维的高校学生思想和行为引导就需要正确进行人类优秀文化的学习借鉴。一是以全球思维维护人类优秀文化的多样性。人类社会是由不同国家和民族所构建的共同体。在漫长的历史进程中，由于不同历史存续长短的不同、历史演进过程的不同、自然环境的不同、人口的多寡、疆域的宽窄、理想信仰的不同、国家制度的不同等因素，产生了不同的生产方式、生活方式和思维方式，以及不同的语言、哲学、伦理、宗教、法律等，进而形成了不同的文明类型，这些文明类型表现出了各自的独特性。人类文明的多样性存在是人类社会的客观事实。一方面，尊重文化的多样性。在党的二十大报告中，习近平总书记再次强调："我们真诚呼吁，世界各国弘扬和平、发展、公平、正义、民主、自由的全人类共同价值，促进各国人民相知相亲，尊重世界文明多样性，以文明交流超越文明隔阂、文明互鉴超越文明冲突、文明共存超越文明优越，共同应对各种全球性挑战。"① 另一方面，加强文化交流。世界全球化日益推进，整个世界越来越紧密地连接在一起。"地球村"的概念把这种紧密的关系表达得淋漓尽致。全球化日渐打破经济、精神及文化的壁垒。引导学生通过网络或者亲身体验的方式加强文化之间的交流。在文化交流中互相学习、互相借鉴，加速文化融合，共同促进世界文化的繁荣。二是以辩证思维正确进行人类文化的学习借鉴。随着国门的打开，其他国家文化也随之涌入中国，其中不乏优秀的人类文化，这些优秀的文化丰富了我国的文化宝库，但其中也有一些负面、消极的文化趁虚而入。面对外来文化，是坚决抵制还是全盘

① 习近平．高举中国特色社会主义伟大旗帜 为全面建设社会主义现代化国家而团结奋斗——在中国共产党第二十次全国代表大会上的报告 [J]. 求是，2022(21).

接收，毛泽东同志曾提出“取其精华，去其糟粕”，“洋为中用，古为今用”；习近平总书记在中央党校建校80周年校庆时也指出：“我们不仅要了解中国的历史文化，还要睁眼看世界，了解世界上不同民族的历史文化，去其糟粕，取其精华，从中获得启发，为我所用。”[①]这些态度就是马克思主义哲学所主张的辩证的“扬弃”。在高校学生思想和行为引导中应正确对待外来文化。首先，要进行全面、客观的分析。把其中科学的、合理的、优秀的部分和不科学的、不合理的、腐朽的部分准确地剥离，将其一分为二。其次，要坚决“扬弃”。对于优秀的、正确的文化要积极支持，并且加以中国化的改造，使之更适应我国的经济社会发展；对于错误的、糟粕的文化要坚决否定，采取隔离和批判的态度。

4. 树立跨界理念

跨界作为一种整合资源、取长补短的方式，不断地创造出新的价值。随着新兴互联网技术在各个领域的广泛应用，很多领域的边界越来越模糊，各种学科不断交叉融合，各种交叉学科不断涌现。跨界思维也深入到高校学生思想和行为引导的各个环节，成为颠覆式创新的“助推器”。

（1）树立“互联网+”的理念。

高校学生思想政治教育工作在过去取得了巨大成就，2014年，首届世界互联网大会提出“互联网+”的雏形，随着“互联网+”时代的到来，教育的大环境已经发生重大转变，为了应对全新的机遇和挑战，创造出了全新的“互联网+思想政治教育”工作格局。因此，置身于互联网时代的大背景之中，高校学生思想和行为引导必须树立“互联网+”理念。这里的“互联网+”理念不是简单地将“互联网+”中的文字“互联网”与符号“+”分开理解，不能仅仅是将互联网作为一种载体或手段，对互联网与高校学生思想和行为引导进行连接，而是要将“互联网+”作为一个整体概念，将互联网思维运用在传统教育引导工作中，通过对传统的教育引导工作的理念、载体、内容等的创新，提升高校学生思想、行为引导，推进思想政治教育发展。树立“互

① 习近平．在中央党校建校80周年庆祝大会暨2013年春季学期开学典礼上的讲话[EB/OL]. (2013-03-01). http://www.qstheory.cn/2019-07/01/c_1124694716.htm.

联网+”理念的高校学生思想和行为引导工作，包括以下几个方面。第一，交互融合。“+”就是跨界，就是变革，就是开放，就是重塑融合。第二，创新驱动。这正是互联网的特质，用互联网思维来求变、自我革命，发挥创新的力量，在教育引导的各个环节不断创新。第三，开放生态。就是要把过去孤岛式的信息、平台、资源等连接起来。第四，重塑结构。信息革命、全球化打破了原有的社会结构、经济结构、地缘结构、文化结构等，教育引导工作中的权力、议事规则、话语权等也要随之变化调整，运用互联网思维对教育结构进行重塑。

（2）树立“学科互涉”的理念。

20世纪末，有学者提出“学科互涉”的概念，而到21世纪的今天，学科互涉已经成为知识领域无法回避的问题。随着时代的发展和社会的进步，各个学科之间的联系和交融日益紧密，单一学科的独立发展已经越来越受到学科发展和现实需要的制约，各个学科之间的交流和融合成为突破学科发展桎梏的关键所在。“学科互涉”使得各个学科门类之间不再互不干扰，而是相互渗透影响，越来越紧密地联系在一起。“学科互涉”对于当前思想政治教育学科的发展有着相当重要的意义。在具体实践中借用“学科互涉”的概念也会极大地推动高校学生思想和行为引导工作的创新。第一，多学科。顾名思义，就是在高校学生思想和行为引导中除了借鉴与思想政治教育学科相关的教育学、传播学、社会学等学科知识，还可以将触角延伸到艺术学、工学等原本看似与思想政治教育不相关的学科门类中找寻新的结合点。第二，整合性。就是在高校学生思想和行为引导中的各个环节实行创造性与批判性的整合，进而从整体上获得全新的发展。新的整体并非所有部件的任意叠加，而是各种理论、工具以及学科知识与方法的科学整合。第三，协调性。就是需要求同存异，在高校学生思想和行为引导中围绕高校学生全面发展这一核心，在合适的时间节点，合理选择相关领域的资源，实现各领域资源“菜单式”的合理配置。“学科互涉”理念就是要以本学科为主导，但不局限于固有学科领域，而是展开思维的触角，立体的、开放的、多角度的运动，从各个学科发现新的思路、新的创意。具体到高校学生思想和行为引导工作中，在人才培养目标上，要培养综合型人才；在教育理念上，要拓宽思想政治教育学科视野，培养多学科、多视野的思维方式；在教育实践中，要借鉴、吸收和融合多学科丰富教育内容和手段；在师资队伍上，要建立多层次、跨学科的人才队伍。

三、高校网络心理健康课程原则的遵循

1. 实现主体互动的原则

互动教育是美国社会学家乔治·赫伯特·米德提出的，它的核心思想是教育应从关注灌输知识转向关注人际关系的互动，学习的过程就是与他人互动的过程。互联网带给人们最直接的就是交流、联系、沟通的便捷性，它也为打破传统高校学生思想和行为引导中以单向灌输为主的接受型教育模式创造了可能。高校学生思想和行为引导就是一种互动的过程，是师生之间、师生与所有教育资源之间的互动。

（1）多主体互动。

近二十年来，学术界对思想政治教育主体做了大量的研究，主要有以下三种观点：单主体论、双主体论和多主体论。作者较为认同多主体论的观点。一方面，从纵向来看，高校学生在学校接受学校教育，在这之前作为家庭的成员接受家庭教育，在毕业之后进入社会接受社会教育。学校、家庭都是社会的有机组成部分。另一方面，从横向来看，由网络空间建立起来的现代化智能的信息获取、交互平台，拓展了教育的新阵地，使其在线上线下双向发展，实现了教育空间的全面延伸。高校学生在学校接受教育期间，除了可以接受来自学校的教育，同时接受来自家庭、社会的教育。因此，学校、家庭、社会、学生都是教育的主体，并构成一个四主体的“圆锥形”的结构模型。学校、家庭、社会是圆锥的底座，学生则是圆锥的顶点。学校、家庭、社会分别与学生建立联系的同时，又在圆锥底座的“圆”上相互作用。虽然它们都是教育引导活动的主体，但是在其关系网络中，它们所处的地位和作用并不完全相等。其中，学生处于核心地位，体现了“以学生为中心”的理念，学校、家庭、社会可以看作三大基本点。它们的教育路径各不相同，教育方

式也不尽相同，教育内容也各有侧重，它们有主有次，互为补充，但是它们都是教育缺一不可的、紧密联系的主体。学校是教育引导的主导，学生的人生观、道德观和价值观往往是在学校受教育过程中形成的。高校学生的思想和行为的状况如何，学校往往起着极为重要的作用。学校既是文化知识的传播场所，也是培养我国社会主义建设者和优秀接班人的重要基地，更是高校学生思想和行为塑造的主课堂、主渠道。学校教育水平的高低直接决定高校学生个体的水平。家庭是教育引导的基础，由于家庭教育是以血缘关系作为链接的，因此先天具有情感依存以及信赖的基础。对高校学生而言，家庭教育既是学校教育的基础，又是学校教育的补充和延伸。家庭教育对子女往往有春风化雨、润物无声的重要作用。社会是教育引导的依托，社会教育的发展水平在很大程度上决定了社会能否达到先进水平，同时也属于未来社会的一种教育形态。社会教育不仅是对学校教育的拓展与延伸，更是对家庭教育的有效补充，给高校学生思想和行为引导工作提供了良好的平台，相较于学校教育及家庭教育，社会教育给高校学生带来的影响作用有明显的强化趋向和扩大趋势。

高校学生的成长就是其社会化的过程，家庭、学校、社会、学生作为教育的四个主体，在教育过程中，既相对独立又彼此联系，既有分工又有合作。其中任何一个教育主体的缺失都有可能会阻碍学生的全面发展，任何两种教育主体的不配合、不协调都有可能会导致教育效果的削弱。为了学生全面发展，需要汇聚学生、学校、家庭和社会共同的力量，调动各个主体的主体性，实现各主体之间的互动，构建一个育人共同体，提升高校学生思想教育引导的实效性。第一，坚持一致性。这四个主体在教育引导过程中必须保持高度一致。这里的一致，既包括教育目标的一致，也包括教育内容的一致。也就是说，四个主体都是为了实现学生的全面发展，为社会主义事业培养建设者和接班人这一目标。对于四个主体的内容而言，也要保持一致，即学校教授的、家庭传递的、社会倡导的、学生个人感受的应该保持统一。因为不管哪个方面存在问题，均会让学生感到困惑，同时导致某些方面的教育相互抵消，最终影响教育的效果。第二，彼此适应。在高校学生的教育引导中，四个主体的作用都是独一无二的。当这四者划分好责任边界，彼此适应，那么家庭教育、学校教育、社会教育和自我教育的各自优势就得以叠加显现出来。第三，动态调整。在高校学生思想和行为引导的实践中，四个主体的共生中，它们除了处于一种静态维持，还处于一种动态性的发展和调整状态。互动既强化了学校、学生、家庭、社会之间的互相了解和相互信任的工作基础，也构建起学校、学生、家庭、社会"四位一体"的育人合力，育人效果全面提升。

（2）主客体互动。

主体与客体的关系是思想政治教育中最重要、最基本的关系，它贯穿高校学生思想和行为引导的全过程。传统的高校学生思想和行为引导的主体与客体是主从的关系，是"以教师为中心，以教材为中心，以课堂为中心"的主体中心模式。

基于互联网思维的高校学生思想和行为引导，更注重主客体的互动。第一，双向互动。高校学生思想和行为引导的主体与客体之间不再是"我说你听、我讲你服"之类的单向关系，而已转变成一种存在互动的双向关系。除了高校学生需要向老师学习，老师也需要向学生们学习，双方之间应保持一种相互帮助与学习、一同提高、互为促进的关系。颠覆传统教育引导工作当中的单向教学与教育工作者高高在上的过时做法和认识，力争在实现平等的前提下形成良好的互动关系。第二，主动和主导。在高校学生思想和行为引导中教师在了解高校学生的状况及特点的基础上，把握教育引导的主动权，确定方向与目的，选择内容与方法，发挥手段与载体的作用，组织实施教育引导工作，推进实际进程。客体的主动性决定着思想政治教育的实施效果。思想和行为引导工作需要高校学生的积极配合与主动参与。客体的主动性与主体的主导性有效融合是完成高校学生思想和行为引导的基本前提。所以，我们既要重视教育主体的主导作用，也要关注受教育者的主动作用。

2. 实现线上线下融合的原则

互联网的横空出世，带给人们最本质的冲击是打破了传统意义上的物理空间的概念，创造出了一个全新的空间——虚拟空间。虚拟空间和物理空间相比，有着很多本质的区别，比如：物理空间的三维是可以用长宽高度量的，而虚拟空间是无法度量的；物理空间是可以触摸感知的，虚拟空间却是看不到摸不着的；个体能接触到的物理空间是有限的，虚拟空间则是无穷无尽的；物理空间具有唯一性，虚拟空间则有多重性；等等。人们通常用“线上”“线下”来描述这两个空间。因此，把教育主体与客体之间面对面通过语言、肢体等真实发生的一系列教育引导活动称为“线下教育”。相对于“线下教育”而言，把主要利用互联网等虚拟媒介而实现的，教育主体与客体之间没有发生面对面交互的情况下的一系列教育引导活动称为“线上教育”。线下教育代表的是传统的教育方式，其优点是互动直接，但易受时间、空间等多方面的限制；线上教育则是适应新时代变化的教育方式，它突破了时间、空间的传统界限。因此，“线上教育”已成为当下高校学生思想和行为引导的重要渠道和途径。从某种意义上讲，谁占领了线上教育的阵地，谁就掌握了高校学生思想和行为引导的主动权。对高校学生进行思想和行为引导工作时就必须学会运用互联网思维，借用互联网技术，加强线上教育平台的建设，提高线上教育的能力。虽然科学家们在不断地通过技术的更迭和创新使得虚拟空间更加趋近于现实空间，希望在虚拟空间能够解决以往必须在现实空间才能解决的所有问题，包括教育问题。但是我们要清晰地认识到，一方面，现在的技术还远没有达到人们所期待的先进程度；另一方面，教育的过程也是情感输出的过程，特别是对于人的思想和行为引导的教育更是需要情感的交流和互动，虚拟空间可以承载人类的感情，但是终究替代不了也模拟不出人类的全部情感。因此，高校学生的思想和行为引导工作作为一项长期性、复杂性、系统性的工程，无法全部放到虚拟空间完成，线上教育也无法替代线下教育的全部功能。实现“线下”“线上”的深度融合，才是提升工作成效的有效手段。通过“线上线下融合”一定会收到单一的线上教育或是线下教育所不能达到的最优效果，实现“1+1>2”的效果。

（1）教育内容的“线上线下融合”。

互联网时代，高校学生可以通过网络访问世界上任何一家图书馆，可以查询到任何一个学科的相关知识，可以了解任何想了解的信息。高校学生获取知识的途径在互联网的帮助下，突破了书本和校园的限制。互联网为高校学生打开了一个随时开放的、取之不尽用之不竭的知识宝库。线上教育对高校学生认知体系的拓展和丰富起到了巨大的推动作用。但是，高校学生的思想和行为的引导强调“知行合一”。“实践是检验真理的唯一标准”“纸上得来终觉浅，绝知此事要躬行”。实践对于高校学生的思想和行为引导具有不可替代的重要作用。线下教育则为高校学生的具体实践提供了有效途径。在马克思看来，“人的思维是否具有客观的真理性，这并不是一个理论的问题，而是一个实践的问题。人应该在实践中证明自己思维的真理性，即自己思维的现实性和力量，亦即自己思维的此岸性。”[①]马克思主义当中的基本原则之一为理论和实践的高度统一，任何理论都要不断接受实践的检验。对于高校学生而言，不经过实践，知识永远只是书本上的文字和屏幕上的图像，仅停留在意识的表层。只有通过实践才能使知识内化于心、外化于行。实践是学生发展的动力。恩格斯曾说：“社会一旦有技术上的需求，那么相比于十所大学，这一需求更能推动科学的发展。”[②]高校学生在实践中不断提出新想法、新问题，又促进学生去探索新的、未知的知识领域。实践是认知的目的。高校学生通过线上开展学习活动，其目标并不在于学习活动本身，而在于通过学习，更好地、更有效地指导实践。因此，线上学习、线下实践的“线上线下融合”是提升高校学生的思想和行为引导工作的实效性的有力保障。

（2）教育载体的“线上线下融合”。

课堂仍是高校育人的主渠道和主阵地，思想政治理论课则是高校思想政治教育工作者对高校学生进行集中的思想和行为引导的主渠道和主阵地。从传统的教育手段上看，基本上都是思想政治教育工作者通过课程的方式将书本上的知识讲授给学生，引导其形成科学的世界观、价值观、人生观。此种面对面授课的形式，学习是被动接受知识的过程。教学手段的单一导致此类课程在学生中间并不受欢迎。互联网的出现，当智能手机、iPad成为高校学生必不可少的学习工具的时候，这就要求高校打破

① 中共中央马克思恩格斯列宁斯大林著作编译局．马克思恩格斯选集．第1卷[M]．北京：人民出版社，2012.

② 中共中央马克思恩格斯列宁斯大林著作编译局．马克思恩格斯选集．第4卷[M]．北京：人民出版社，2012.

传统的课堂教学模式，充分发挥互联网的话语权。运用互联网技术丰富教育手段，让理论学习变得有新意，将抽象变为具体。比如，将枯燥的文字转换为生动的视频、音频等形式呈现给学生，通过提高学生的学习兴趣达到提高学生的学习效率的目的。有研究表明，同等情况下，人对图像的接受率比对文字的接受率要高近20%。因此，通过教育手段、方法等的“线上线下融合”是提升高校学生思想和行为引导工作的实效性的主要途径。

（3）育人环境的“线上线下融合”

马克思曾说过：“人创造环境，同样，环境也创造人。”①高校校园环境对高校学生的教育起着潜移默化的熏陶作用。互联网时代要求高校育人环境的“线上线下融合”，一个布局合理、整洁有序、健康和谐的校园对学生的健康成长和发展必然产生巨大的影响。改善校园“线下”育人环境，一方面提升学校的硬件环境，比如更先进的教育教学设备、更完备的学习生活设施、更优美的校园环境等；另一方面提升学校的软件环境，比如开展更高层次的人文艺术讲座、举办更丰富多彩的文体活动等。同时，打造校园“线上”育人环境，通过官网、“两微一端”、App等平台把校园中典型的事迹、先进的集体、优秀的个人等优质内容推送给广大高校学生，成为学生点击和赞扬的对象，不但能产生榜样育人的功效，还能促使一股股“正能量”在校园里弥漫开来。身临其境的线上育人环境和眼见为实的线下育人环境共同作用，育人环境的“线上线下融合”能拓展校园环境的育人内涵，发挥校园环境的育人功能，是提升高校学生思想和行为引导工作实效性的有力推手。

3. 树立一致性的原则

（1）树立与高校学生成长成才规律相一致的原则。

规律也被称为法则，属于各类事物间的本质联系，存在一定的普遍性。地球上的人、事、物千差万别，但是它们都遵循着一定的客观规律。随着时代发展及各种社会思潮的涌现，高校学生的思想和行为也呈现出新的特点，

① 中央编译局．德意志意识形态：节选本 [M]．北京：人民出版社，2002.

高校学生的成长成才也呈现出新的规律。基于互联网思维的高校学生思想和行为引导必须树立与高校学生成长成才规律相一致的理念。只有遵守教育及学生成长规律，才能更好地开展思想和行为引导工作。一是“欲速则不达”。高校学生思想和行为引导必定有一个相应的过程。教育引导过程中要循序渐进，耐心施教，而不是代替成长，也不是揠苗助长。在高校学生成长的道路上更多的是尊重、引导和陪伴，让学生做到顺其自然地成长。二是“因材施教”。高校学生作为独立的主体，其成长过程不会千篇一律，因此我们的教育引导工作也不可千篇一律，要承认和接纳学生之间的差异，提供有针对性的教育。三是“实事求是”。在高校学生思想和行为引导中坚持实事求是，加大理论分析的力度，在探寻规律的基础上合理指导实践。毛泽东曾说过“实事”即为客观存在的所有事物，“是”表示各种客观事物之间的联系，也就是规律性，“求”表示需要我们去分析。习近平总书记指出：“坚持实事求是，就要深入实际了解事物的本来面貌，要透过现象看本质，从零乱的现象中发现事物内部存在的必然联系，从客观事物存在和发展的规律出发，在实践中按照客观规律办事。”①

（2）树立与互联网发展相一致的原则。

在互联网领域有个众所周知的定律——“摩尔定律”，它是由Intel的创始人之一戈登·摩尔（Gordon Moore）提出来的，即每隔18~24个月计算机的性能就会提升一倍，这一定律揭示了互联网技术进步的速度。随着大数据、人工智能的崛起，“摩尔定律”的速度被打破，来到“新摩尔定律”时代。基于互联网思维的高校学生思想和行为引导必须充分尊重互联网发展的规律，遵循互联网发展的趋势，跟上互联网发展的速度，推进高校学生思想和行为引导的理念思路、内容形式、方法手段的创新，增强工作时代感和实效性。互联网发展具有如下趋势。一是泛在化。互联网影响已经从虚拟世界渗透到物理世界，从人们的身体感知渗透到思想意识。在高校学生思想和行为引导的各个环节都要将互联网作为一个重要因素考虑在内。二是智慧化。互联网的智慧化将给高校学生思想和行为引导创造更多、更新、更好的条件。三是颠

① 习近平. 习近平总书记谈实事求是 [EB/OL]. (2021-09-13). http:// www.qstheory.cn/zhuanqu/2021-09/13/c_1127857431.htm.

覆性。就像汽车的发明颠覆了马车的存在一般，互联网技术的迭代往往带来颠覆性的创新。高校学生思想和行为引导要及时跟上这种创新，大胆摒弃已被时代抛弃的方法和手段，积极创新，适应新时代的发展。

第七章　高校网络心理健康课程评价与保障

高校学生思想和行为引导的评价反馈机制是整个高校学生思想和行为引导过程的有机组成部分，对高校学生思想和行为的准确评价和对其开展引导工作的有效反馈，对于高校学生的思想和行为引导工作有着极其重要的指导意义。高校学生思想和行为引导的保障体系是作为高校学生思想和行为引导的一个子系统而独立存在的，主要是指为了实现高校学生思想和行为引导的目标，由高校学生思想和行为引导系统内起保障作用的各要素相互联系、相互作用、相互制约而构建起来的工作体制、管理规范和工作方式。完善保障体系建设既是应对新环境下社会发展所提出的客观要求，也是实现高校学生思想和行为引导工作自身科学发展和思想政治教育科学发展的需要。

第一节　建立“大数据——全方位”的精准评价反馈机制

高校学生思想和行为引导的评价反馈机制，就是对高校学生思想和行为及其引导工作的客观准确的评价和科学有效的反馈。互联网思维给高校学生思想和行为引导的理念、环境、平台、内容等都带来了深刻的影响，也必将为高校学生思想和行为引导的评价机制带来新的变化。因此，我们必须在传统的评价机制基础上进行变革和改进，运用互联网思维创新改革评价反馈机制，才能顺应时代变化，真正发挥评价反馈机制的作用。

大数据最核心的价值就是对数据进行深度加工和关联分析，从而不断地产生出新的数据集合，创造出新的价值。互联网思维中的大数据思维就是深度挖掘大数据作为一种信息资源的价值所在，用数据的眼光来看待一切。大数据思维围绕数据这个关键点，以高度的敏感性对数据进行收集、分析，挖掘数据的潜在价值，关注数据之间的关联性，从数据中发现新问题，掌握新情况。当大数据思维运用到高校学生思想和行为引导中，建立“大数据——全方位”的精准评价反馈机制，将隐藏在数据背后的有关高校学生思想和行为引导的信息进行收集、分析和运用。一方面能全方位地掌握高校学生思想和行为动态，并挖掘其背后深层次的原因；另一方面将评价融入高校学生思想和行为引导工作的全环节和全过程，形成“评价——反馈——修正——提升”的工作闭环。“用数据说话，用数据管理，用数据决策，用数据创新”，从数据中抓住高校学生思想和行为引导的“痛点”“难点”，为有针对性地开展工作提供有效助力。

一、评价原则

传统的评价模式通常是形成总结性的结论，这是宏观评价，而在微观方面，得出诊断性结论，或形成总结性评价就难以做到。互联网思维为高校学生思想和行为引导评价体系提供了全新的思路：利用互联网和大数据形成发展性的评价观点，将高校学生思想和行为引导评价对象的主体性发展作为评价的最终目标，从实际情况出发，对学习体验过程及师生交流等加以重视，对学生思想、行为评价范围加大，从学生扩大到教师、课程、学校等一系列对学生思想和行为有影响的因素。基于互联网思维对高校学生思想和行为引导进行评价，体现了评价理念由原来的“经验主义”向当下的“数据主义”转变的趋势，体现了评价内容从原来的注重知识水平的“总结性评价”到当下的注重综合素养的“发展性评价”转变的趋势，体现了评价方式从原来的“单一”向当下的“全方位”转变的趋势。

高校学生思想和行为引导过程是一项很复杂的系统性活动，基于互联网思维的高校学生思想和行为引导的评价，为了保证其科学性，也需要坚持以下几个原则。

1. 评价标准的增值化

对高校学生思想和行为引导评价的价值主要体现在评价的反馈为教育工

作者的引导工作带来的价值。通过评价的反馈信息，思想政治教育工作者能够充分了解高校学生当前的思想和行为现状，及时发现问题，改进在对高校学生思想和行为进行引导过程中的不足，形成“以评价促进教育、以反馈促进引导”的机制。同时，及时的评价，能让高校学生了解到自己的当前状态，利用评价查漏补缺，有针对性地及时修正。以问题为导向，全面调动高校学生的主动性和积极性，进一步完善个人能力，提高综合素质。这就是评价的价值所在。互联网思维的评价可以帮助我们进一步完善评价标准和评价体系，充分体现评价的价值，并且增加评价对学生和思想政治教育工作者的价值。

互联网思维的评价将定性评价和定量评价相结合，是增加评价标准增值化的有效方法。当前高校学生思想和行为引导评价主要采用利用大数据分析手段的定量评价，通过将几个指标进行内容量化后给出评价。一方面通过大数据分析得到的量化评价，可以较客观地对主体进行综合评价。另一方面利用网络技术采集数据可以避免如面对面等主观因素的影响，确保评价的客观性。

2. 评价过程的动态化

基于互联网思维的高校学生思想和行为引导的评价，不仅包括对评价的实施过程的反馈，还包括对评价结果的及时反馈。也正因为反馈的加入使得整个评价活动不再是静态的，而是一个动态的过程。

3. 评价因素的多元化

互联网时代，高校学生追求个性化的发展，使其多元化的特征非常明显。同时，借助互联网和新媒体等媒介手段，高校学生思想和行为引导的理念、方式、环境等都发生了巨大的变化，呈现出多元化的特点。因此，基于互联网思维的高校学生思想和行为引导评价也应该是多元化的，具体表现在评价内容、评价主体、评价对象和评价手段的多元化。

4. 评价应用的导向性

基于互联网思维的高校学生思想和行为引导评价应当突出评价应用的导向性。为有效促进高校学生思想行为优化及全面发展，有效运用思想和行为的引导评价极其重要。客观的评价可以为高校学生思想和行为引导的发展提供指导方向。正确的导向对思想和行为引导效率提升及体系改革有显著推进作用。鼓励性的评价具有激发学生行为动机、调动学生主动积极性的作用。对于高校学生而言，评价可使学生看到自己的成绩，了解自己的优势和不足，从而激发其改进和提高的内在需要与动机，使其增强自信心，努力改进自己的思想和行为克服学习方面的缺点，从而达到提高学习成绩、促进自身全面发展的目的。对学校或是对思想政治教育工作者而言，评价同样可以让教育工作者看到自身的优势和不足，并不断探索创新引导理念、引导模式、引导方法等，从而达到更好的引导效果。

二、评价指标

对评价指标的研究，主要代表性观点有以下几个方面。第一，两指标说。江乐园认为评价指标主要包含达标性内容和水平性内容。第二，三指标说。张耀灿、郑水廷等人主张将其内容分为三类：主体状况评价、教育过程评价、教育效果评价。第三，四指标说。国家教育部社会科学研究与思想政治工作司认为其主要包括：工作部门、工作队伍、教育效果和思想道德素质四项指标。第四，五指标说。蔡海生等人认为应从主体评价、客体评价、教育环境评价、实施过程评价、教育效果评价五个指标构建评价体系。第五，六指标说。《全国大学生思想政治教育工作测评体系》和《普通高等学校大学生思想政治教育工作测评体系》提出，测评指标体系包括五个定量化的一级指标和一个定性化的一级指标。

对于高校学生思想和行为引导评价指标体系的建立，可以从狭义和广义两个角度来理解。从狭义的角度来说，高校学生思想和行为引导评价就是围绕思想和行为引导的对象——高校学生所建立的评价指标，包括高校学生的知识、能力、素质等各个方面。从广义的角度来说，高校学生思想和行为引导评价指标则包含教育引导的每一个环节，即高校学生思想和行为引导过程中的主体、客体、介体、环体，以及它们之间的关联等多维度。基于互联网思维的高校学生思想和行为引导评价指标就是从广义的角度出发设立的。2014年11月，教育部高等教育教学评估中心公布的《中国工程教育质量报告》采用“五个度”评价指标体系。所谓“五个度”，即符合度、适应度、支撑度、有效度及满意度。2016年4月，教育部高等教育教学评估中心发布的《中国高等教育质量报告（2016年度）》《全国新建本科院校教学质量监测报告（2016年度）》均采用“五个度”的框架。可见，“五个度”评价指标的构建是具有科学性和时代性的。因此，互联网思维借助“五个度”评价指标的概念，也可构建高校学生思想和行为引导的“五个度”评价指标体系。“五个度”评价指标体系贯穿高校学生思想和行为教育从目标的确立到教育引导的实施、保障和监督再到实际效果的检验的全过程，涵盖了对思想和行为引导的主体、客体、介体、环体全方面的考察。

1. 思想和行为引导目标的达成度

由于目标是实践中的首要因素，所以思想和行为引导目标的达成度是第一个评价要素。目标表明了思想和行为引导的本质，指明了思想和行为引导的方向，规定了思想和行为引导的基本内容。明确思想和行为引导的目标是做好思想和行为引导工作的基本前提，因此，思想和行为引导目标的达成度也就成为高校学生思想和行为引导的重要标准。我们的思想和行为引导的目标就是把高校学生培养成德智体美劳全面发展的社会主义建设者和接班人。该目标可细化为很多小目标，如培养高校学生良好的思想道德及品质，增强学生法治及纪律观念，提高高校学生知识文化素养等。

2. 社会需求的适应度

高校学生最终会离开校园迈入社会，因此培养适应社会需求的高校学生就成为高校的重要责任。以社会需求为标准指导高校学生思想和行为引导工作，可以督促思想教育工作者在教育引导工作中有意识、有目标性地开展高校学生思想教育相关工作。因此，以社会需求的适应度为评价标准去衡量高校学生思想和行为引导是科学合理的。

3. 师资和条件的支撑度

它主要用来考察教师和教学资源对高校学生思想和行为引导工作的保障度。思想和行为引导工作开展的基本条件就是高校工作队伍和教育资源。工作队伍的结构是否合理，专业素养、网络素养等能力是否达标，人员的思想政治水平是否过硬等；教育资源是否丰富，是否配置合理，是否“物尽其用”

等，都直接影响着高校学生思想和行为引导的效果。高校学生思想和行为引导工作队伍和教育资源的优化，使得高校学生可能得到更好的教育引导，师资和条件对高校学生思想和行为引导工作的支撑度就越高。

4. 保障运行的有效度

高校学生思想和行为引导工作的保障体系是一个完整的体系，是否建立完善的保障体系是保障体系运行有效度的关键。具体而言，就是要构建包含思想观念保障、组织领导保障、制度规范保障、工作队伍保障、物质经费保障和环境支撑保障在内的高校学生思想和行为引导工作的完备的保障体系。如果能够做到以上要求，保障体系运行的有效度就能够得到保证。

5. 学生和用人单位的满意度

高校学生作为肩负民族和国家未来的社会主义建设者和接班人，他们是思想和行为引导的主要对象。高校学生对高校学生思想和行为引导工作是否满意，很大程度上决定着高校学生思想和行为引导工作的教育效果是否达到预期。因此，我们在进行评价工作时，高校学生的满意度是非常核心的指标。而用人单位的满意度主要是指用人单位对在高校范围内教育引导工作完毕后输出的高校学生的满意程度，这是对高校学生思想和行为引导工作的评价在时间维度上的延伸，也是对高校学生思想和行为引导工作的有效性的最终考验。

三、评价实施

传统评价方式的基础是统计学理论，首先设计需要统计的项目，进行数据收集，再经过资料整理和数据分析，最终得到所需的结论和评价结果。基于互联网思维的高校学生思想和行为引导的评价过程可以借助大数据和新媒体等新兴工具，尤其是在数据收集和数据分析阶段，运用大数据可以让思想政治教育工作者广泛且清晰地了解群体活动的趋势，以及个体行为的趋势，并且根据了解到的具体情况开展下一步的思想和行为引导工作。高校学生思想和行为引导的评价实施主要分为三个阶段，分别是数据采集阶段、数据分析阶段和数据应用阶段。

互联网思维的数据采集有着大样本和全数据的特点，即对全部样本进行数据采集。传统统计学理论对高校学生思想和行为的分析方法已不适用。大数据的数据采集不同于传统的数据收集，它有着完全新颖的数据采集模式。大数据通过各种服务类的工具，对学生在电脑等数字终端设备上使用产生的数据进行自动收集整理，并通过对数据的分析对高校学生思想和行为进行研究。这种数据采集的模式就叫作伴随式数据采集。2021年3月，教育部印发《关于加强新时代教育管理信息化工作的通知》指出，要利用新一代信息技术提升教育管理数字化、网络化、智能化水平，推动教育决策由经验驱动向数据驱动转变、教育管理由单向管理向协同治理转变、教育服务由被动响应向主动服务转变，以信息化支撑教育治理体系和治理能力现代化。2021年11月，教育部办公厅、工业和信息化部办公厅联合发布《关于提高高等学校网络管理和服务质量的通知》，要求各地高校提高高等学校网络管理和服务质量，提升校园网络用户上网体验，保障校园网络安全。

完成数据采集后，就需要通过数据挖掘和数据分析等技术，来提炼数据中所蕴含的高校学生思想和行为引导工作的信息，以便开展后期的评价。除去常规的统计手段，互联网思维的“非结构”的数据分析和挖掘的模式，运用聚类分析和关联分析等数据挖掘技术，对已构成的数据立方体进行多维度的下钻或上卷操作，以提炼出除学习情况、生活状态、兴趣爱好等基本情况之外的思想动态、价值观念、行为习惯等更深层次的信息。

互联网思维通过对信息可视化所携带的信息进行分析，从而实现对复杂问题的分析。使用文本、图像和视频等可视化分析工具，将所采集到的大数据信息中的隐含特征呈现出来。虽然大数据很多时候不能告诉我们“为什么”，但是可以告诉我们“是什么”。借助可视化分析工具，通过大数据的预测功能，可以快速地获取高校学生的现实状态和实现对未来发展趋势的预测，从而根据学生的需求开展“菜单式”定向教育引导工作，让高校学生思想和行为引导评价工作得到及时有效的反馈，为高校学生思想和行为引导提供具体方向。

四、评价反馈

基于互联网思维的高校学生思想和行为引导的评价，不仅包括评价的实施过程，还包括对评价结果的及时反馈。互联网思维下对高校学生思想和行为引导评价的反馈，就是把作为结果的评价返馈到高校学生思想和行为引导工作本身，将反馈数据和引导工作相结合，并对工作进行相应调节的过程。评价的反馈与调节充分体现了评价的能动性，它们赋予了高校学生思想和行为引导评价体系灵魂，让高校学生思想和行为引导评价活动与引导活动动态结合，并能够动态调控。因此，对于整个评价活动来说评价反馈是必不可少的。

基于互联网思维的高校学生思想和行为引导评价反馈的特点主要体现在以下几个方面。第一，反馈的全面性。实现包括对思想和行为引导计划是否科学及其执行情况，是执行还是未执行，如何执行，是积极主动还是消极被动执行；实际产生的引导效果如何，是大是小，是正是负，引导效果与引导目标的差距等信息的全面反馈。第二，反馈的高质量。评价反馈的情况是对高校学生思想和行为引导工作实施动态调整的先决条件，因此对评价反馈的信息要求较高，主要表现为反馈信息的准确性和及时性。运用大数据对信息进行筛选与加工，保证反馈信息的精练准确，实时监控数据反馈情况，及时收集、汇总反馈信息，确保反馈信息的及时有效性。第三，反馈的及时性。及时性是对评价反馈的信息在时间和速度上的要求。在评价过程中，对于评价结果和评价过程中出现的问题，要及时汇报、及时解决。高校对高校学生的思想和行为引导工作是动态发展的，若反馈的周期太长，高校学生的思想和行为引导情况则可能会发生新的变化，而根据原先的情况所制定的解决方案就失去了意义，思想和行为引导工作也会偏离预期情况，朝着无法估计的状态发展。因此，高校学生思想和行为引导评价的反馈一定要及时，信息反馈越及时越快速，反馈的调节效率就越高，思想和行为引导的效果也就越好。

以往教育的评价反馈被克瑞斯·阿吉瑞斯称为“单回路”。他认为，“单回路”教育模式是指在不改变系统本质目标及价值观的情况下，对组织问题及错误进行纠察和纠正的教育模式。当思想和行为引导过程中出现结果与预期不匹配时，只需要将评价运作的结果与评价策略和行为相联系，并对策略和行为进行修正，进而修正思想和行为引导工作，达到预期评价目的。这种不改变评价体系与评价原则的反馈便是“单回路”的反馈。基于互联网思维的高校学生思想和行为引导的评价构建的是“双回路”的反馈，如图7-1所示。如果在思想和行为引导过程中出现结果与预期不匹配时，先检查和改变控制变量（也就是评价体系和评价标准），然后改变行动，此时就是“双回路”的反馈。双回路的反馈系统，在评价过程中会重新审视原来的评价体系和评价标准，在两个相互联系的反馈回路里，不仅要从被引导者的行动上来进行改善，而且会发现规定这些评价内容的评价体系和评价标准等控制变量是否合理、是否客观、是否完善，进而进行系统性的调整，使评价更客观准确，达到更好的引导效果。

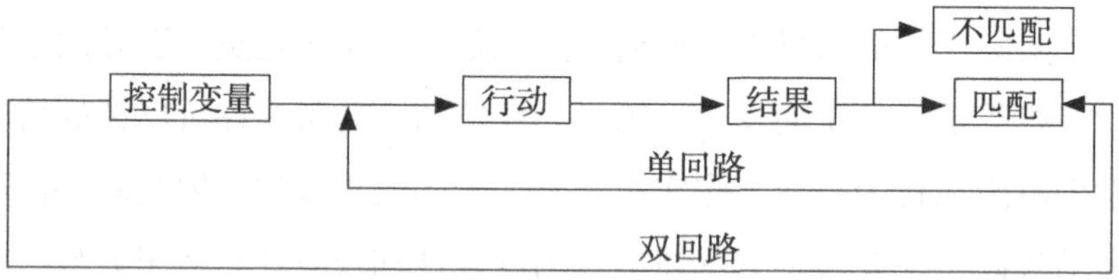

图 7-1 “双回路” 反馈

基于互联网思维的高校学生思想和行为引导评价反馈机制是整体研究中的一个重要组成部分，是评论引导效果、反馈引导成绩与推进引导改革创新的重要环节和强有力的支持，在基于互联网思维的高校学生思想和行为引导研究中起着宏观调控的重要作用。基于互联网思维的“大数据——全方位”精准评价机制的建立，克服了传统高校学生思想和行为引导工作中的形式主义、教条主义和经验主义，能够及时有效地化解风险，增强教育工作的全面性、针对性和预见性。同时拓展了高校学生思想和行为引导工作的有效推进和及时调整，从而促进教育引导工作的质量提升，推动高校学生思想和行为引导系统建设走向科学化和专业化。

第二节　保障体系

高校学生思想和行为引导是一项极其重要又极富挑战的工作，也是新形势下高校面临的一项长期而艰巨的工作。为了确保这项工作科学、规范、有序地步入良性运行的轨道，就必须建立健全相应的保障体系。基于互联网思维的高校学生思想和行为引导的保障体系，主要由组织保障、物质保障、人员保障和理论研究四个方面组成。

一、加强组织保障

总体来讲，在高校党委及其领导的学生工作部门的努力下开展的高校学生思想和行为引导工作是有成效的，但是依然存在很多问题。因此，仍然需要构建一个目标更加明确、重任共担、有机联动的组织，来保障高校学生思想和行为引导工作的顺利推进，共同应对互联网快速发展的时代环境。

为实现以上工作目标，结合当前实际情况，高校学生思想和行为引导的组织保障主要包括如下内容。一是提高认识。加强校党委对组织机构工作的领导和重视。加强制度文件、人才队伍和未来规划的顶层设计，确保各项工作和任务落到实处、取得实效。基于互联网思维的扁平思维确保校党委的意图能快速传达到位，各项要求可以及时落实。二是组织体系构建。组织体系不仅要符合一般意义上组织机构的系统构建，还要求组织体系能够实现横向和纵向的扩展。在高校学生思想和行为引导工作有了明确的计划和任务以后，领导班子需要结合实际对任务进行划分，并成立相应负责该任务的部门，每个职能部门再根据管理的幅度设置和本部门相关的纵向管理层次，最后形成一个完善的教育组织管理系统。在划分部门和设置纵向管理层次的时候，要注意确保各个部门之间授权正确、分权合理，有利于提高工作效率。三是组织内部人员配置合理。只有人员配置合理，才能形成一个工作高效、战斗力强的工作团队，对思想和行为引导工作的顺利进行有着非常重要的作用。四是组织的运行与革新。高校教育组织应该与高校培养人才的总任务保持一致，并以此为中心制定符合实际的政策、规章和制度，基于互联网的广泛应用建立组织内部通畅的高效沟通交流模式。另外，需时刻关注互联网时代情况和形势的飞速变化，及时调整组织构造和进行组织革新。

二、提升物质保障

高校学生的思想和行为引导工作不是一项营利的事业，而是一项需要政策扶持、资金注入的工作。互联网的出现，让高校学生可以随时随地浏览自己想学的知识，因此为学生建立科技化、便捷化的线上线下服务平台，迫在眉睫。因此，高校学生思想和行为引导经费必须纳入高校学生培养成本核算体系。教育行政部门应当为高校学生的思想和行为引导明确设置主题投资，确定合理的投资，包括资金预算、时间的分配等，以确保工作的顺利开展。就高校本身来讲，思想和行为引导工作所需经费应纳入学校财政支出计划，合理地确定高校学生思想和行为引导经费投入，纳入预算，才能保证必要的财政支持。高校学生思想和行为引导工作必须有一定的软硬件设施作为保障。随着国家近年来在这方面的大力投入，不少高校通过扩建、搬迁等方式，使学校总体面貌发生了翻天覆地的变化，硬件设施有了较大幅度改进，办学实力得到了显著提升。然而，办学实力的提升并不意味着信息化建设水平的提升，很多高校距离高水平的教育格局还有一定差距，信息化势在必行。中央网络安全和信息化委员会印发的《“十四五”国家信息化规划》明确提出：提升教育信息化基础设施建设水平，构建高质量教育支撑体系，从优化网络基础设施和升级校园基础设施两大方面推进。具体来讲，要做好高校学生思想和行为引导，需要完善教育引导的硬件设施，特别要对网络基础设施及技术进行全面改善和升级，加速建立电子阅读系统和教育管理系统等，为高校学生思想和行为引导工作提供坚实的教学条件。在场所建设上，高校要建立和完善科技型智能图书馆、智能学生活动中心等，为高校学生思想和行为引导提供便捷的服务和丰富的资料与信息共享，为确保高校学生思想和行为引导工作顺利进行提供强大的物质保障。

三、落实人员保障

基于互联网思维的高校学生的思想和行为引导需要人员队伍的保障，需要政治觉悟高、学习新事物快、业务能力强、行事作风正的工作队伍作保证。高校学生思想引导的效果始终与思想和行为引导工作队伍的发展状况有着密切联系，随着网络的普及，高校学生的主体意识慢慢增强，建设一支水平高、素质高的思想引导工作队伍，是高校学生思想教育工作中最重要的人力资源保障。

加强和改进高校学生思想和行为引导工作队伍建设就是要落实以下四个机制。第一，落实队伍选任机制。把好队伍的“入口关”，提高思想政治教育工作者的准入门槛。一方面要坚持严格的标准，以“德才兼备”为选任标准，挑选和聘用理论水平高、政治素质强、业务能力强、适应信息化新时代的优秀人才充实到思想政治教育工作队伍当中；另一方面要坚持严格的选任程序和合理的配置，以科学、公正、公开、透明为原则，实行多个部门共同参与和监督的合理聘任程序，实现选拔过程的竞争性、全面性和灵活性相统一。第二，落实激励导向机制。为提高工作队伍的战斗力，要解决好思想政治教育工作者的待遇、职称、地位等问题，增强他们的自我认同感。对从事高校学生思想和行为引导工作的教师，在政治待遇、行政职级、职称评定、岗位津贴等方面给予政策性保障。第三，落实培养培训机制。加强高校学生思想和行为引导工作队伍建设与培养是关键。要加强思想和行为引导队伍线上和线下培训力度，不断提高思想政治教育工作者的专业化和职业化水平。要从实际出发，制订科学的培养培训计划，构建起多层次、多形式的培训体系，有计划、有步骤地开展与高校学生思想和行为引导工作性质相适应的培训、与社会发展相适应的培训、与工作队伍自身特点和实际需求相适应的培训，确保培训目标的科学化、形式的多元化、内容的时代化、培训的常态化。第四，落实考核评价机制。科学的考核评价机制可以客观地评价工作队伍的工作效果，考核也是行之有效的管理手段。建立起公平、公开、立体、动态、客观的考核评价机制，对高校学生思想和行为引导工作队伍从德、能、勤、绩、廉等各方面进行考核评价，可最大限度地激发思想政治教育工作者的主动性及创造性。

四、强化理论研究

强化理论研究为高校学生思想和行为引导的创新发展，为把高校学生培养成更好的社会主义事业建设者和接班人提供了理论支撑和保障。马克思曾说："一切划时代的体系的真正内容都是由于产生这些体系的那个时期的需要而形成起来的。"[①]思想政治教育领域的理论研究就是根据时代的发展和社会的需要而形成的。高校学生思想和行为引导工作与思想政治教育的理论研究是一体两面的关系，二者相互依存。高校学生思想和行为引导工作是建立在思想政治教育理论研究的基础之上的，离开了理论的支撑，高校学生思想和行为引导工作就丧失了其存在的理论依据。同时思想政治教育理论有其独特性，表现出明确的意识形态属性，服务于高校学生思想和行为引导工作实践。面对时代发展特征、高校学生的思想和行为变化，思想政治教育领域不断涌现出新的课题及新的研究热点。对思想政治教育规律进行研究，丰富其内容，明确其价值指向，对思想政治教育理论的发展意义重大。

强化高校学生思想和行为引导的理论研究包括以下几个方面。首先，要找准研究的切入点。思想政治教育学科是理论性和实践性高度结合的学科，学科研究的热点是与社会发展进程、国家建设需求等休戚相关的。进入21世纪以来，思想政治教育领域开展的有关队伍、课程等的研究都是对时代特征的积极回应，把握"痛点"开展理论研究，成为新时代思想政治教育发展创新的重要动力之一。主动应对网络技术的不断更新，聚焦高校学生思想和行为呈现出的新变化，积极面向高校学生思想和行为引导的理念创新、平台完善、环境优化、评价机制等环节进行深入研究，推动高校学生思想和行为引导工作的科学化不断深入。其次，完善理论研究基础。党的十八大以来，高校学生思想政治教育工作受到了党中央的高度重视，先后召开了全国高校思想政治工作会议、全国教育大会、学校思想政治理论课教师座谈会等重要会

① 中央编译局．德意志意识形态：节选本 [M]. 北京：人民出版社，2002.

议，出台了《关于加强和改进新形势下高校思想政治工作的意见》《高校思想政治工作质量提升工程实施纲要》等一系列重要文件，这些都是新形势下做好高校学生思想和行为引导的工作指南，也是新时代下开展思政研究的基础。围绕党和国家的需求，结合教育对象的时代特征，坚持问题导向的原则，有针对性地对思想政治教育理论开展研究。最后，明确研究的价值指向。理论研究要关注前沿，追踪热点，深度挖掘理论研究中的实践指导价值，及时把研究成果转化为工作实践的效果。简单来说，就是要及时关注理论研究成果和学科发展趋势，坚持理论与实践相结合的原则，不仅仅局限在思想政治教育学科中，还应以互联网跨界思维的理念，将包括教育学、社会学、心理学、信息科学等其他学科的研究成果，积极运用到高校学生思想和行为引导的工作当中。

第八章　高校网络心理健康课程模式优化策略

第一节　优化与完善高校学生网络心理健康课程设置

一、完善课程结构

通过完善高校学生网络心理健康的课程设置，来解决其网络心理健康课程内容较少、课程教学内容安排不全面的问题。高校学生心理健康课程在实施过程中，课程结构决定了课程内容的呈现与组织形式，是课程设置中不可或缺的一部分。通过对文献的查阅与分析发现，高校学生心理健康课程的课程结构可根据以下形式进行组织，能够更好地利用师资与教学资源，达到事半功倍的效果。高校学生心理健康课程在开课形式上主要分为理论课与实践课两种。理论课可分为入学心理健康主题讲座与面授课两类，其中入学心理健康主题讲座可以与入学典礼、入学教育等活动进行工作对接，根据高校的实际情况，安排校内教师或校外专业心理健康工作者开展相应的心理健康主题讲座。新生入学往往是高校学生最容易感到迷茫、迷惑甚至适应不良的时期，学生容易产生各种各样的适应性问题，影响心理健康水平。除此之外，不同高校的学生由于生源地、年龄、专业等方面的差异，可能会造成高校学生对高校归属感不强的现象，影响日后军训、纪律培养、学业、就业等的进行。因此，调查收集并总结高校新生的心理发展特点，根据新生特点开展合适的入学心理健康主题讲座，消除新生的疑虑，增强新生对高校的归属感与信心，为以后心理健康课程的实施打下基础。

理论课的另一种形式为面授课，不少教材都配备了二维码和相应的慕课内容，因此高校学生心理健康课程理论课中面授课与网络课程应该有机结合，建设包含线下课程与网络课程的课程结构。面授课与网络课程在实施的过程中应该对应其功能，充分发挥两种课程形式的优势。从调查结果可知，在参与过网络心理健康课程的高校学生中，使用的网络课程教学平台集中在慕课平台，即网络信息技术web2.0的阶段，应用web3.0技术的高校学生网络心理健康课程比较少见，而且现有的网络课程在交流反馈、课堂管理等方面存在较大问题。因此，网络课程教学更加适合借助互联网的传播优势与信息密度优势向高校学生进行知识传授，而满足学生个性化需求职能应由面授课承担，教师通过线下面授课来回答学生在参与网络课程教学中所产生的问题，通过及时的反馈来满足互动的需要，教师将主要发挥学习方法、方向指引的作用。利用网络收集教学材料的过程中，教师也能获得更好的提升，使面授课更为形象生动，虽然课时较少，但是教学内容更为丰富，教学效果更好，可以解放更多的师资力量来进一步开展选修课与扩展授课年级。

实践课可分为高校学生心理素质拓展活动与心理健康体验课。活动课程对教师资源、教学资源与教学空间等要素有更高的要求，其开展也更容易受到限制。心理素质拓展活动可以与高校学生入学心理健康主题讲座配合进行，成为新生入学教育的重要组成部分。心理健康专题讲座能够建立高校学生对学校的班级的归属感，心理素质拓展活动则能够进一步建立高校学生的学校和班级归属感，通过邀请专业的素质培养团队来开展团体活动，培养高校学生通过讨论、合作等方式来解决心理素质方面的问题。心理素质拓展活动中，教师担当观察者的角色，观察整个团体的氛围，或者观察团体中某些出众的成员并进行记录，在活动结束后进行总结，帮助学生建立信任感与信心，为以后的心理健康课程打下良好的心理素质基础。同时，通过心理素质拓展活动能使教师更加直观地感受到各个班级的特点并积极关注，更好地设计合适的教学内容。心理健康体验课是体验式教学法在心理健康课程中表现出来的形式，所谓体验，就是个体通过亲身经历和实践来认识周围的事物。体验这一概念在心理学的研究视角上也有相应的内涵，即个体在原有的认知经验和心理结构状态下去感受事物并产生深刻的认知，且对此产生相应的情感，最后在原有认知与心理结构的基础上做出重塑认知行为模式与心理结构的意志行为的过程，是一种由多种心理因素共同作用的心理活动。体验式课程的有效实施主要体现在令学生能经历、感知并良好地体验所学习的知识，这些知识就需要教师能够合理地创设对应的情境。课程实施过程中，教师通过有效的教学方法引导学生去体验相关情境，让学生在体验的过程中达到建构知识、运用知识、发展能力的效果。通过开设体验式高校学生心理健康课程，引导学生通过多种形式的亲身体验活动，充分发挥主观能动性，分享学习过程中的体会和感悟，使思维在教学内容与学习过程的刺激下受到新的启发，根据传授的专业心理健康知识来构建新认知、获得新的情感体验、习得新的心理调适技能，提高心理调适能力，提升心理素质，实现心理健康认知、技能、情感方面的健全发展。体验式教学模式主要包括情境体验、案例分析、游戏活动、角色扮演和讨论反思五种主要的课堂教学方式，能够使高校学生对自身的心理健康水平及影响因素有更加深刻和清晰的认识。

二、筛选与优化课程内容

高校学生心理健康课程内容是根据课程目标决定的，通过对相关资料的研究可知，高校学生心理健康课程内容已经趋于完善，相关教材和与之对应的慕课呈现的课程内容都贴合高校学生心理健康课程的目标，只要高校学生愿意依照教材进行全面而细致的学习，高校学生在各项心理素质方面就能获得全面的了解与提升。但是，参与心理健康课程的高校学生数量较多，高校学生个体参与心理健康课程都有着自身的侧重点与兴趣点，若机械地安排课程内容与对应的课时，而忽视高校学生个体的心理发展特点，一方面难以激发学生的学习兴趣，另一方面可能会因为课程教学进度问题造成教学内容浮于表面，无法满足高校学生学习需求的情况。因此，高校学生心理健康课程的内容安排应进行合理的分配及细致的教学设计，而不可任务式地对课程内容浅尝辄止。

高校学生在高校校园中进行学习与生活，不同的个性会导致学生个体在面对校园生活中的各类事件产生不同的应对方式，并且会表现出明显的年龄特点。因此，课程内容筛选过程中，要保证课程内容适合于当时的大多数高校学生。高校学生心理健康概述、人际交往、生命教育与心理危机应对、心理咨询等课程内容作为帮助高校学生熟悉校园学习生活、适应校园和人际关系的重要内容，应安排在大一，并安排更多课时、更丰富的教学形式以及更多样的教学方法。自我意识培养、人格发展、性与恋爱心理等课程内容涉及到的是高校学生以后会遇到的发展性问题，应当在高校学生已经确立了良好的心理素质基础后，再对这类课程内容进行学习，能够表现出更高的学习效率，这部分课程内容更加适合开设选修课程，并安排在高校学生脱离新生身份后，投入校园学习生活的年级，课时的安排也可以进行相应的调整，前提是学生已经接受了较为完备的基础心理素质教育，拥有了良好的心理素质基础。压力管理与挫折应对、高校学生职业生涯规划等课程内容，是高校学生在进行资格证明考试或学业考试等时期适合接受的心理健康课程内容，各种考试与资格认证是高校学生的压力来源之一，也是每位高校学生都要经历的过程。这段过程中学生的心理往往会表现出紧张、焦虑甚至抑郁。由于高校学生在考期的心理体验是急促且剧烈的，而且这种心理体验容易在考期过后被忽略，有明显的时效性。压力管理与挫折应对的课程内容可以帮助高校学生更好地调整心态，提升考试时的表现。慕课具有观看方便、信息内容丰富、课程时长较短的特点，更加适合处于备考期的高校学生通过利用碎片化的时间进行学习。

网络信息技术的发展与成熟使其在整个社会运行之中承担着重要作用，人们的生活空间从基于现实生活的现实空间延伸到了网络空间。因此，人们的生活也受到了来自网络空间的影响，其中包括心理方面的影响。互联网技术使文字、图片、视频等信息能够突破空间距离的限制进行传输，人们可以从网络上获取想要的资讯，但也不可避免地受到无用甚至有害信息的影响。网络在高校学生群体中应用广泛，网络趣缘社区的发展与成熟促进了网络人际交往的发展，不少高校学生在网络空间有着自己的虚拟身份，与网络中的其他个体进行一对一交流，或加入网络趣缘社区进行群体交流。网络趣缘社区能够满足高校学生的网络人际交往需求，但是网络人际交往的匿名性、去抑制性的特点，影响高校学生心理健康水平。网络趣缘社区由于规范管理工作相对滞后，导致社区内部、社区之间可能会出现激烈的言语冲突，出现网络失范行为等现象。用户的心理特点，比如对虚拟网络与信息技术的理解、应对心理压力的方式等方面也与网络失范行为的发生有关，针对这些现象，高校学生心理健康课程应该完善网络心理健康相关的课程内容，指导网络人际交往，减少网络环境对学生心理健康水平的消极影响。

第二节　促进网络课程教学模式的探索与实践

网络技术在整个社会的运行与发展中有着不可忽视的作用，各行业积极与网络技术进行融合，实现了更好的发展。教育也不例外，基于网络技术建构的教学模式相继出现，使知识能够突破空间距离的限制传输到每位学习者的网络设备之中。科学技术的发展也使智能设备的成本逐渐降低，成为常见的教学工具之一。高校学生网络心理健康课程既要注重网络教学工具的功能应用，也要促进教学形式与方法跟网络环境的适配和磨合。

一、教学内容与教学方法应与时俱进

高校学生的资讯获取相比以前更为便捷，教材所提供的教学内容虽然非常经典且易于辨认与理解，但是拓展性与时效性不足，网络资讯的发展加速了信息与经验的交流与更新，容易出现教学内容与高校学生经验不匹配的情况。在教学内容方面，教师可基于教材，适当拓展各种资讯内容，更多地使用多媒体工具，加入视听穿插分析与讲解，既可以活跃课堂气氛，也可以激发高校学生更强烈的求知欲望，使学生在运用学到的心理调适方法中充分内化所学内容。

体验式教学方法是已经被证明的效果良好的教学方法，由于其设计考虑

因素较多，对教师能力要求较高，提高了应用门槛，因此普及性较低。网络传输是课程与教学内容突破空间距离限制进行传输的最直接的方式，因此对高校学生心理健康体验课程进行网络化的尝试是值得探究与实践的。

二、网络心理健康实践式课程的探索与尝试

高校学生心理健康实践式课程在发展过程中总结了丰富的实践成果，如户外心理素质拓展活动、心理情景剧比赛、心理知识竞赛等。部分课程活动的实施常受到现实教学条件的限制，竞赛的知识内容及情景剧的题材选择不容易满足学生的个性化需求。团体辅导等相对注重个性化的实践课，除对教师资源有较高要求外，还存在参与学生群体的覆盖面窄、无法对学生的学习成效及课程实效性进行评定等问题。

有学者参考ARCS教学设计模型对高校学生心理健康实践式课程的网络教学进行了教学设计的尝试。对高校学生学习需求、课堂教学目标、教学内容、教学方法、评价体系五个方面进行了详细的设计。实现了可以在线上组织心理成长团体、心理电影赏析、心理知识讲座、心理读书会等网络心理健康实践式课程。对于参与课程的学生数量及学生兴趣方面，可以通过设定多期相同的课程，并限制报名次数的方式来使学生有机会参与到对应的体验课程之中。教学过程与评价通过在线学习平台所自带的设定工具来对参与课程的学生进行学习进度监控与追踪，保证学生对课程内容进行学习，减少“刷课”现象。同时，对学生进行学习进度监控与追踪使得教学评价更加倾向于过程性评价与质性评价，符合高校学生心理健康课程的评价要求，并能够成为对现有高校学生心理健康课程以考试为主的考核方式的补充。由于是网络课程，整个在线活动平台的建设在功能上要达到一个网络社区式的标准。

高校学生网络心理健康实践式课程的建设类似于建设一个主题是高校学生心理健康的趣缘网络社区，只是这一社区的人员开放程度有限。相应的资源模块建设，以相关活动资源为基础，通过视频、图片、文档、链接等形式呈现信息，丰富学生在活动中的信息来源，强化学生学习的动机与意识。社

交模块的建设，以教学板块和论坛讨论区为主导，建构以学生之间的信息互动与交流为主、师生信息交流互动为补充的实践活动模式，使得学生在学习过程中在线获得来自教师的指导与学生之间的信息交互，同时，能通过网络的去抑制化特征实现学生之间及师生之间在学习体验上的深度交流，帮助学生更准确地建立对自身知识水平的认知，也能帮助教师更好地评估学生的学习成效。互动模块的建设上，充分探索和利用在线平台的功能，丰富学生的活动体验，如利用课堂小测验进行学习状况检测，发起讨论等功能既可以收集学生对课堂的反馈，也起到了调节课堂气氛的作用。功能完备的网络趣缘社区的搭建可以使社区主题得以大量的讨论和学习，教学与学习环境是网络化的，氛围是趣缘社区化的，使得课程内容通过交流与潜移默化来传授给学生，再通过完善相应的教学反馈机制使得高校学生网络心理健康实践式课程更加成熟。

三、智慧课堂教学模式的应用与实践

针对课程教学模式与网络工具的磨合程度不足的问题，要从教学模式与网络教学工具两个方面来寻求问题解决的方法。智慧课堂教学模式有着与网络信息技术更好的适配性，运用到高校学生网络心理健康课程中可以实现更适合网络环境的课程设计与课程实施过程。郭晓珊，郑旭东（2014）认为，智慧学习要主动灵活地运用适当的信息技术促进学习者意义建构、合作共赢和创新实践，不断适应和优化环境。智慧课堂是利用新一代信息技术，优化教学方式方法，构建具有个性化、智能化、数字化特点的课堂学习环境，培养学生以智慧能力为目标的新型课堂。从智慧教育的视角出发，智慧课堂具有教学决策数据化、评价反馈及时化、交流互动立体化、资源推送智能化的特点。教学决策数据化，可以帮助教师更好地调整教学策略；评价反馈及时化，相对于web2.0技术的评价反馈，智慧课堂能够给予学生动态伴随式学习评价，进行更加频繁的信息反馈，是形成性教学评价的一次提升；交流互动立体化，学习平台除在课堂内提供用户交流渠道外，还会建立对应云端平台，令网络社区交流的特点在教学活动中得以呈现，使得参与课程的用户可以在课堂教学之外进行更加频繁与精确的交流，实现教师与学生的持续沟通；资源推送智能化建立在学习平台的富媒体资源特性上，可以根据学习者自身的学习进度与特点来推送最适合的学习资料，满足学习者的个性化需求。智慧课堂依靠web3.0技术，反映出智慧教学模式的特点，更加强调针对用户个体使用习惯的算法而建立，相比于web1.0与web2.0呈现出更加智能化、在线化的特点。

智慧教学模式在教学理念上以“实践”“创造”为中心，关注培养学生的创新思维及学生的全面发展，在“先学后教”的教学流程基础上充分利用新一代信息技术进行高频率与精确的学习进程反馈。在教学内容的呈现上可以精确到每一位学生自身的学习水平上，在富媒体化的学习资源中进行选择与智能推送。可以说，web1.0网络技术的运用将线下教学空间限制的问题交由网络技术进行了解决，web2.0网络技术的运用在web1.0的基础上将教学内容的呈现方式及教学活动的选择问题交由网络技术进行了解决，web3.0则在此基础上将教学内容的选择与呈现方式也交由网络智能技术进行处理，教师充当具有专业技能与意识的“引导者”角色。意味着智慧教学模式的重心更加偏向在线教学，对网络技术尤其是人工智能技术的依赖程度更高。借助网络人工智能技术的帮助，教师可以更加灵活地调整教学方法策略，教学过程变得富有动态，能有效调动学生的积极性，使得师生关系趋向于理想状态。这种出色的教学表现需要较高水平的教学硬件与软件的投入，针对每一位学生的个性化教学体验都需要大量的数据支持及资源的大量投入。教师在智慧教学模式中依然扮演着重要的角色，即便在智慧教学模式的教学情境下，有了人工智能技术与相关网络信息技术的协助与支持，这些技术的应用也依旧只能在有限的程度上对学生个体的学习状态进行数据化的分析，这些教学内容的编排与呈现方式是否适合学生，这些教学内容与学生所处的文化背景是否适配，这些教学内容与学生所处的社会环境有什么样的关联等问题，都需要教师这一专业性强的角色进行解释与引导。需要注意的是，智慧课堂教学模式的应用需要功能更强大的网络课程教学平台，来实现更有效率的课堂管理及教学评价，智慧课堂教学模式所蕴含的教育理念也是值得学习的。

第三节　强化高校学生网络心理健康教育课程平台建设

高校学生网络心理健康课程的实施需要依赖网络课程平台，网络课程平台的功能在很大程度上影响着教学评价与课程管理的过程和效果。针对网络课程的教学评价模式不健全和课堂管理方式有限的问题，自定义程度更高、操作性更强的网络课程平台能够更好地契合教师与学生的使用需求，方便多样的教学模式的使用，提升网络课程的实效性。

一、完善高校学生网络心理健康课程教学评价体系

高校学生网络心理健康课程在考核形式方面应该更加多样化。一方面除了课堂测验、期末考试，还应该采用学生互评、教师评价等形式来促进学生对网络情境的体验与感受；另一方面应该多采用发展性评价、过程性评价的形式来对学生的学习效果进行评价。经过研究文献发现，智慧教学工具能够通过对学生的课堂学习行为进行统计与整理，并通过数据的方式呈现给教师，帮助教师及时调整教学安排。统计的课堂学习行为包括回答教师提出的问题、使用问题答疑系统、教学活动的完成程度等方面，满足过程性评价的内容要求，能够很大程度上完善高校学生网络心理健康课程教学评价体系。网络课程平台在功能上的更新与发展应该注重对学生课堂学习行为进行细致的分类、收集与分析，方便教师通过收集相应数据对学生进行更加全面的评价，教师除了对高校学生的心理健康知识与技能进行评价，还应该通过在网络课程平台收集到的学习行为数据对学生的网络素养和信息能力等方面进行更全面的评估，从而达到完善教学评价体系的效果。

二、优化高校学生网络心理健康课程管理体系

通过对智慧教学工具的研究发现，智慧教学工具进行课堂管理的方法呈现出多样化特点，对高校学生网络心理健康课程管理体系的优化具有参考作用。在课堂教学过程中，为了保证课程体验的连贯性，智慧教学工具引用了

弹幕功能，可以收集与归纳学生提出的问题，通过弹幕的形式简明扼要地呈现在教学影像中，教师与学生都能看到弹幕的内容，可以保证学习过程中思维的连贯性，也能降低回答教师问题时其他学生的突兀感。弹幕功能本身对学生也有一定的吸引力，能够促使学生更加积极地参与课堂，实现“并行讨论”。“不懂”反馈功能也是智慧教学工具的特色课堂管理方式，“不懂”反馈功能设置在教师对知识点进行讲解的地方，学生在学习过程中如果不希望发送弹幕来进行问题提问，也可以通过点击“不懂”反馈按钮来表示自己对知识点的疑惑，智慧教学工具会计算各个知识点的“不懂”反馈功能按钮的使用次数，统计并生成数据，传送给任课教师，帮助教师更方便地了解学生群体对各个知识点的掌握情况，并调整教学活动。高校学生网络心理健康课程所涉及的专业知识点相对较少，如果要通过“不懂”反馈功能进行课堂管理，需要对教学活动环节的设计进行更加科学的安排。课堂习题应答系统也是常见的课堂管理方式，可以实现更加频繁地与参与课程的学生进行互动，深化学生对知识点的印象，与观看录播为教学形式的网络课程中，设置对应的弹出式客观题与课堂习题应答系统起到类似的作用。总的来说，通过参考智慧教学工具，可以更好地丰富网络课程平台的功能，优化高校学生网络心理健康课程管理体系。

第四节 促进高校学生网络心理健康与思想政治教育体系协同发展

高校学生心理健康教育与思想政治教育在目标、内容、方法等方面都有着值得互相借鉴的地方，在高校教育体系中有着紧密的联系。网络信息工具的出现，使高校学生心理健康与思想政治教育的内容在网络空间上有了进一步的发展，起到了提升课程实效性的作用。

一、强化马克思主义对高校学生网络心理健康课程的理论指导

马克思主义理论是世界观与方法论的体系，对高校学生网络心理健康课程的发展具有重要的指导作用。社会意识的传播需要一定的物质手段，网络作为一种不断发展的传播工具，适合意识形态的传播。因此，在课程开设的必要性层面来看，高校学生网络心理健康课程不仅有必要开设，还应该将软硬件设施建设以及师资建设作为重要的建设内容，迅速占领网络舆论主阵地，实现心理健康教育体系在网络空间的延伸。网络心理健康课程应该重视教育对象的思想与心理状态，从网络环境的视角进行分析与了解，通过网络工具与手段进行教育与指导，达到更加有效的课程效果。人的主体性在网络时代获得了向网络空间的延伸，表现出了追求知识与信息的需要，展示了人处于网络虚拟空间的实践主体性，强调学生的主体性以及充分发挥网络的交互性特点，对高校学生网络心理健康课程的教学模式建设有理论指导意义。马克思关于人的全面发展理论为高校学生网络心理健康课程目标的确定提供了理论指导，在积极心理学视角上，网络心理健康课程的目标是通过对网络的使用实现高校学生潜能的发展与心理素质的提升，在马克思主义视角上，网络心理健康教育应该是全面发展教育的一部分，明确了人的全面发展与社会发展之间的关系，对高校学生网络心理健康课程明确自身的定位具有重要的指导作用。

马克思主义理论是高校学生心理健康教育与思想政治教育之间交流的桥梁，强化马克思主义对高校学生网络心理健康课程的理论指导，对促进高校学生网络心理健康教育与思想政治教育协同创新，共同发展，实现高校学生心理健康与思想政治教育体系与时俱进，顺应时代发展，具有重要的指导作用。

二、开设网络道德教育课程

开设网络道德教育课程，符合高校学生心理健康教育与思想政治教育“立德树人”的目标，能够促进两个教育体系的融合发展，培养学生道德情操的同时，提升高校学生的心理素质。思想政治教育的目标是促进高校学生成

人成才，形成符合社会要求的价值观，如何能够更有效地发挥思想政治教育的作用，关系到教育目标能否有效达成。高校学生能够通过接受教育成人成才，前提是高校学生拥有良好的心理素养与健全的人格，如此才能更好地发展自身潜力，修养自身品格。因此，良好的道德情操和健全的心理素养既是心理健康教育和思想政治教育相互借鉴、相互促进的根据，也是二者相互融合发展所达成的结果，是高校学生素质教育的重要内容。

网络道德教育课程是促进高校学生网络心理健康与思想政治教育体系协同发展的有效形式。在课程内容方面，道德及其相关知识，是心理学学科课程中的重要内容，可以从心理学的角度对高校学生的道德心理发展、道德心理、道德的影响因素等方面给出专业的解释，帮助高校学生对道德本身有更加清晰的认识。从思想政治教育的角度来看，可以从社会效应的角度来理解与分析网络使用问题、网络失范行为等内容。从思想政治角度解释网络现象本身，从心理健康角度解释人对网络现象的直观感受，规范网络使用。在网络道德教育课程中，要发挥网络信息技术的优势，加强对高校学生社会主义核心价值观的教育。网络道德水平并不仅仅是指对网络工具的正确使用，还应该包括对虚拟空间与现实空间关系的正确认识，对高校学生进行社会主义核心价值观的教育能够为网络道德教育课程提供意识形态指导，帮助高校学生通过网络道德教育课程的学习，提升自身的信息能力，规范网络使用行为，形成对网络环境的清醒认识，提升其对网络信息的识别能力，减少网络环境对高校学生心理与价值观的消极影响，实现高校学生素质发展，积极促进网络空间的意识形态建设。

三、促进网络育人空间的建设

网络育人空间的建设可以促进高校学生心理健康教育实践活动向网络空间的拓展与探索，起到整合课程资源、提供网络学习交流环境、实施在线教育实践活动的作用，包括知识园地、网络交流、线上专题活动等方面的建设。通过构建一个对用户访问进行适当限制的网站，我们可以营造一个适宜的网络环境，专注于心理健康与思想政治教育。知识园地应该包括经过筛选的高校学生心理健康或思想政治教育相关的网络课程资源，实现在网络空间上的意识形态教育，学生还可以通过关键词进行搜索来获得想要的资料，拓展知识。网络交流空间是通过电子论坛等形式进行的，教师与学生可以通过自身的教工号或学号进入网站进行匿名交流，充分利用网络的开放性与去抑制性，促进学生在网络空间中交流自身对各种事物的看法，在交流过程中，学生可以更加明显地感受到网络环境对人的影响，对网络产生更加清晰的认识。除了可以帮助高校学生更好地体验网络环境，还可以通过组织线上的专题活动来考查学生的信息识别能力。

信息的鉴别与筛选对网络育人空间的建设是很重要的。要建立完善的网站监管机制，通过关键词检索等对不良信息或问题信息进行监测。网络环境的信息内容非常丰富，其中可能包含不利于学生心理健康与思想发展的信息。一方面要及时对问题信息进行鉴别与处理，另一方面也要快速定位问题信息传播的账号，尝试用匿名网络交流的方式进一步了解学生的心理状态与思想水平，以便进一步开展教育。

四、促进高校朋辈心理辅导的发展

针对高校学生对课程效果评价不高的问题，良好的榜样作用可以强化高校学生群体的心理健康意识，提升高校学生对心理健康课程的接受程度。高校学生心理健康课程与朋辈心理辅导培训都是对受教育者实施影响的过程，一位高校学生能够通过培训成为一名朋辈心理辅导员，优秀的心理素养与坚实的专业技能是必要条件，这意味着朋辈心理辅导员就是高校学生心理健康标准与朋辈心理辅导技能的集合，一名朋辈心理辅导员的言行能够广泛地被周围的高校学生所察觉，一名优秀的朋辈心理辅导员在言语谈吐与待人接物上会不断地展现其自身的心理素养并受到欢迎，通过榜样的力量，发挥学生自我教育的能动性，提升心理素养。学生互评适合心理健康课程的教学评价，网络的匿名性与去抑制性给予了这种评价方法可行性，朋辈心理辅导员有较好的心理素养，学生的身份更能引发与其他同学的共同语言，可以充当引导者的角色，引导学生积极评价，合理归因，提升心理素养。

五、加强高校心理健康工作队伍建设

高校教师队伍虽然有优良的专业素养，但是面对高校庞大的学生心理健康管理系统依然显得力不从心。大量的学生心理健康工作与多样的需求差异对现有的心理健康工作队伍提出了要求与挑战，促进朋辈心理辅导系统的建设与培养更多优秀的朋辈心理辅导员，一方面完善了心理健康工作在班级与学生宿舍层面的部署，另一方面促进了高校心理健康工作队伍的建设。高校心理健康工作队伍的建设与完善能够提升心理健康工作的对接与执行效率，体验式课程与实践式课程的开展、网络育人空间的建设都需要依靠强大而又专业的心理工作队伍，因此对朋辈心理辅导员的培养能够使高校的心理健康课程建设拥有更多的选择与可能。师资队伍建设是高校学生心理健康课程建设的重要内容，一方面要提升任课教师对网络工具使用的熟练程度，另一方面要形成网络心理健康教育的意识，完善网络心理健康的课程内容，促进高校学生网络心理健康课程的建设与探索。

第五节　加强高校心理健康教育双师型队伍建设

一、高校学生思想政治教育工作与心理健康教育工作高度融合

随着网络信息化时代的到来，高校学生心理健康教育工作者必须转换角色，传统意义上的“传道、授业、解惑”已经不能适应时代的新要求。因此，其一方面要有扎实的理论功底和专业技能，另一方面要能够熟练驾驭网络。高校心理健康教育工作者，必须充分发挥学生的主观能动性，发挥好引导作用，以促进学生心理健康为抓手，深入学生实际，积极开展和大力推进高校学生心理健康教育。高校心理健康教育工作者既要掌握和了解网络背景下学生的思想状况、身心健康状况，又要利用网络的优势与学生心理健康教育有机结合，使心理健康教育的开展具有针对性和实效性。作为高校思想政治教

育工作者尤其是辅导员或班主任，掌握着学生思想动态、学习、生活和身心健康状况方面的真实资料。因此，把高校心理健康教育工作与思想政治教育工作高度融合，有利于促进高校学生的成长成才和心理健康。当前，高校急需心理健康教育专业人员，由于条件受限，高校可以通过鼓励思政教育工作者（专职辅导员、班主任）去参加培训和进修，通过考试，取得心理咨询师资格证书，通过实践，逐步使高校思政工作者不仅能做高校学生思想政治工作，还能做心理健康教育工作，培养既能做学生思政工作又能做学生心理健康教育工作的双师型队伍。作者认为这是高校当前解决心理健康教育专业人才紧缺最有效的手段。

二、随时更新网络心理咨询方式

在校园网站网页中设置网络心理专栏。将心理健康知识和心理健康技能训练等挂在网上，推广心理健康自我训练，便于师生进行自我心理教育；开设高校学生心理健康教育视听资料下载专区，适时提供和更新关于心理健康方面的视听资料，以便师生下载学习和了解心理健康方面的理论和基本知识。开设网络心理健康论坛，高校学生及时发帖反映自己的心理困惑，论坛上的心理教育专家回帖，并对上传者的问题给予指导，起到排忧解惑的作用，帮助其建立乐观心态。专门设立手机APP或者微信公众号，通过微信或借助手机APP已经成为高校学生网上咨询的重要途径之一。在一定程度上，微信公众号和手机APP可以随时随地为学生服务，有利于高校心理健康教育及时更新。同时，高校心理健康教育工作者可以运用QQ、QQ空间等与高校学生进行互动。

三、建立高校学生网络心理健康教育档案

根据实际案例，建立高校学生网络心理健康教育档案，完善教育档案内容。做好高校学生网络心理健康教育档案统计和分类，是高校开展高校学生网络心理健康教育必不可少的分析资料。通过查阅档案资料，分类和统计，做到因材施教，有的放矢，有利于高校心理健康教育工作者与思想政治工作

者进行及时的信息沟通与反馈，引导高校学生客观、公正地认识自我，对自己有一个客观公正的评价，在一定程度上能够起到预防高校学生心理困惑的作用。根据高校学生的实际情况进行设置网络心理健康档案内容，设置的内容包括：学生基本信息；学生基本状况；家庭状况；高校学生在校心理健康状况；可操作的专业量表（如智力测验量表、人格测验量表、症状评定量表、心理咨询相关量表等）；以及一些趣味性的反映心理健康状况的问题等。高校心理健康教育工作者还可以借助心理健康测试软件，测验和数据分析高职学生的心理健康状况，通过测验和数据分析，不断提升高校心理健康教育工作者的理论知识和专业技能。为此，高校必须建立有专业人士在内的心理健康教育档案室，由心理健康教育专业人士负责网络心理健康教育档案室日常的运行，保障高校学生心理健康资料不外泄，以及对其有效管理和合理使用。

四、建设心理健康教育体系

人具有社会性，高校学生也不例外。家庭、学校、社会时时刻刻都在影响着学生，所以如果父母不管不问，单靠学校老师的教育是远远不够的。现在高校学生心理健康问题日益严重，每年都有高校学生因学习、情感问题而跳楼自杀。如今，高校学生排解苦闷的方法主要是上网、找朋友或同学倾诉、向父母倾诉、找专业人员、看书、听音乐、运动等。所以高校学生心理健康问题需要更多的网络媒介来解决。综上所述，高校应该建立以学校为主，以家庭和社会为辅，共同构建高校学生心理健康教育体系，促进和提高高校学生心理健康。高校可以通过校园网中建立的思政和心理网站，开辟专栏传承优秀传统文化、弘扬社会主流价值和新风尚，帮助和培养高校学生逐步养成良好的心理健康教育习惯。高校思政网站和心理网站除了各自的教育学习内容，二者需要更大的兼容性和更好的融合，使高校学生心理健康工作和高校学生思想政治教育工作有机融合，把思政教育融入在进行心理健康教育过程中，建设具有特色、有吸引力的融思政和心理教育为一体的综合网页，使全体师生都能得到高校心理健康教育，提高师生对心理健康教育实施的必要性和重要性的认识。同时，不能忽视对家庭教育方式的指导，因为一个家庭对孩子的启蒙教育，是其他教育方式所不能取代的。由此，学校和家庭之间应经常沟通，使双方及时掌握学生心理动向，达到资源共享。学校必须把培养学生心理健康作为教育的根本任务，不能一味地把责任推给家庭，给社会增添负担，应给家庭、社会提供更多的解决问题的方案，确保学生得到家庭的理解、学校的教育、社会的关爱。学校还应加强与城乡社区、心理咨询机构、学生家庭成员联系，充分挖掘家庭、学校、社会三位一体的心理健康教育基地和环境，形成家庭、学校、社会三位一体的心理健康教育体系。

参考文献

[1] 孙晓宇.试论职业指导人员职业素养[J].青年文学家，2012(27):224-225.

[2] 孙晓宇.大班型心理健康教育课程教学模式对教学效果的影响[J].明日风尚，2017(1):396+395.

[3] 孙晓宇.高校心理健康教育大合班教学模式弊端与对策研究[J].成才之路，2020(25):28-29.

[4] 中共教育部党组.高等学校学生心理健康教育指导纲要[EB/OL].http://www.moe.gov.cn/srcsite/ A12/moe_1407/s3020/201807/ t20180713_342992.html，2018-07-06.

[5] 章成斌.论高校心理健康教育课程化建设的必要性[J].医学与社会，2005(2):49-51.

[6] 杨贵英.大学生心理健康教育课程实效性分析[J].中国学校卫生，2009，30(4):353-354.

[7] 陈晓燕.对高校心理健康教育课程教学方法的思考[J].辽宁教育行政学院学报，2008(8):86-87.

[8] 马永亮，王军.大学生心理健康教育课程建设现状与展望[J].安徽工业大学学报（社会科学版），2020，37(1):81-83.

[9] 吴继红.大学生心理健康教育课程实效性探究[J].江苏师范大学学报（教育科学版），2013，4(S1):88-90.

[10] 廖美玲，连榕.大学生上网心理健康教育初探[J].福建建筑高等专科学校学报，2001(2):57-59.

[11] 崔景贵.解读心理教育:多学科的视野[M].北京:高等教育出版社，2004.

[12] 刘秀伦.大学生网络心理健康教育途径探析[J].思想理论教育导刊，2005(5):53-55.

[13] 李瑞学，田媛.大学生心理健康教育探析[J].中国成人教育，2005(5):43-44.

[14] 沈晓梅. 构建网络环境下大学生心理健康教育新模式 [J]. 中国青年研究，2012(1):113-116.

[15] 陆建兰，李宪伦. 网络话语影响下的大学生心理健康教育课新模式探研 [J]. 学校党建与思想教育，2015(1):69-71.

[16] 莫莉秋. 网络环境下大学生心理健康以及教育对策的研究 [D]. 西宁：青海师范大学，2018.

[17] 王秋月."慕课""微课"与"翻转课堂"的实质及其应用 [J]. 上海教育科研，2014(8):15-18.

[18] 李克东，赵建华. 混合学习的原理与应用模式 [J]. 电化教育研究，2004(7):1-6.

[19] 周天涯.基于MOOC的混合式教学模式研究 [D].南京：南京邮电大学，2016.

[20] 张珊明，刘述钢. 传统课堂和翻转课堂的教学实效性对比——以《大学生心理健康教育》为例 [J]. 当代教育论坛，2016(5):102-107.

[21] 杨盈，包陶迅."慕课"背景下大学生心理健康教学模式探究 [J]. 中国农业教育，2015(3):87-91.

[22] 石变梅，马建青. 协同创新:高校心理健康教育与思想政治教育结合的发展之路 [J]. 学校党建与思想教育，2018(11):26-29.

[23] 刘丽明. 基于网络空间的大学生思想政治教育与心理健康教育协同研究 [J]. 湖北开放职业学院学报，2020，33(12):78-79.

[24] 方鸿志，潘思雨. 改革开放40年来我国大学生心理健康教育的发展及趋势 [J]. 当代教育科学，2019(8):91-96.

[25] 李珏，艾煜. 基于雨课堂线上教学平台的混合教学模式探索——以"大学生心理健康教育"课程为例 [J]. 北京印刷学院学报，2020，28(11):133-135 +151.

[26] Myrick R D. TAP: The key to developmental guidance [J]. International Quarterly，1987，5(4):28-35.

[27] 陆文颖，冯学强. 国内外高校心理健康教育比较分析及对策研究 [J]. 中国教育学刊，2015(S1):260-261.

[28] Myrick, Robert D. Accountability: Counselors Count [J]. Professional School Counseling, 2003 (3): 174–179.

[29] Han S S, Weiss B. Sustainability of teacher implementation of school-based mental health programs [J]. Journal of Abnormal Child Psychology, 2005, 33 (6): 665–679.

[30] Salzman, Carl, Seidman, Larry J., Keshavan, Matcheri S. The Massachusetts Mental Health Center: going forward after 100 years [J]. American Journal of Psychiatry, 2012, 169 (10): 1037.

[31] Wendy J. Pecka. Students with mental health issues in higher education: a survey of prevalence and fall–to–sping persistence rates in a community college environment [D]. Gr aduate School of the University of Missouri–St. Louis. 2011.

[32] 吴霞. 改革开放以来大学生心理健康教育研究 [D]. 重庆：西南大学，2015.

[33] Carly Haeck, Acacia C. Parks, Stephen M Schueller. Impact of psycho educational content delivered online to a positive psychology aware community [J]. The Journal of Positive Psychology, 2016, 11 (3): 270–275.

[34] Bryan Alexander. Web 2.0: A New Wave of Innovation for Teaching and Learning [J]. Educause Review, 2008, 41 (2): 32–44.

[35] Bozkurt, A., Honeychurch, S., Caines, A., Bali, M., Koutropoulos, A., & Cormier, D. (2016). Community Tracking in a cMOOC and Nomadic Learner Behavior Identification on a Connectivist Rhizomatic Learning Network [J]. Turkish Online Journal of Distance Education, 2016, 17 (4): 4–30.

[36] 田益民. 大学生网络心理健康教育研究综述 [J]. 南方论刊，2007 (12): 65 – 67.

[37] [德] 黑格尔. 精神现象学（上卷）[M]. 贺麟，王玖兴，译. 上海：商务印书馆，1979: 48.

[38] 张瑜. “网络思想教育研究” 学术研讨会综述 [J]. 思想理论教育导刊，2005 (12): 73–74.

[39] 傅荣. 网络教育、网络心理教育与青少年心理健康 [J]. 赣南师范学院学

报，2001（4）：75-77.
[40] 魏荣，魏婧．高校网络化心理健康教育探析［J］．琼州大学学报，2004（4）：25-26.
[41] 崔景贵．网络心理教育的内涵、优势与问题［J］．江西教育科研，2006（4）：22-24.
[42] 李强．互联网对大学生的心理影响及健康心理培养探论［J］．西南民族学院学报（哲学社会科学版），2001（10）：221-224.
[43] 张雷．高校心理健康教育的本质定位及实践走向［J］．广西青年干部学院学报，2004（1）：43-44.
[44] Jessica Lipnack & Jeffrey Stamps. Virtual Teams: Reaching Across Space, Time and Organizations With Technology [M]. New York: John Wiley & Sons, Inc, 1997.
[45] 常晋芳．网络哲学引论［M］．广州：广东人民出版社，2005.
[46] 徐露凝，孙丽艳．科学发展观与大学生网络心理健康教育研究［J］．辽宁教育行政学院学报，2009，26（4）：24-25.
[47] 李皓．网络教育的心理学分析［J］．教育与职业，2002（11）：58-60.
[48] 王小凤，姜巧玲．高校网络心理咨询的服务形式探析［J］．教育与教学研究，2011，25（6）：28-31.
[49] 肖羽．广州市大学生网络心理健康教育现状与体系构建研究［D］．广州：广州中医药大学，2018.
[50] 徐宇．高校在线开放课程建设的政策实效调查研究［D］．重庆：西南大学，2018.
[51] 王林．试论网络时代大学生心理健康教育［J］．人文杂志，2006（5）：159-161.
[52] 郭玉锦，王欢．网络社会学［M］．北京：中国人民大学出版社，2010.
[53] 中共中央马克思恩格斯列宁斯大林著作编译局．马克思恩格斯选集（第1卷）［M］．北京：人民出版社，1995.
[54] 姚昕．人的本质与心理健康教育探讨［J］．内江科技，2007（6）：54+41.
[55] 潘可礼．虚拟社会与人的全面发展［J］．理论前沿，2007（7）：17-18.

[56] 王文明. 知识经济条件下人的本质的特殊表现 [J]. 科技中国人，2000(8): 14-15.

[57] 胡凯. 马克思主义的人学思想对大学生心理健康教育的启示 [J]. 思想理论教育导刊，2010(3): 95-98.

[58] 胡锦涛. 高举中国特色社会主义伟大旗帜，为夺取全面建设小康社会新胜利而奋斗 [M]. 北京: 人民出版社，2007.

[59] 胡凯. 试论构建我国大学生心理健康教育体系的指导思想和基本原则 [J]. 思想理论教育导刊，2008(4): 82-85.

[60] 叶浩生. 社会建构论心理学 [M]. 上海: 上海教育出版社，2006.

[61] Jerry M. Burger. 人格心理学 [M]. 陈会昌，等译. 北京: 中国轻工业出版社，2004.

[62] 崔景贵. 积极型心理教育的信念、目标与建构 [J]. 当代教育论坛，2006(13): 33-35.

[63] 任俊，叶浩生. 积极人格：人格心理学研究的新取向 [J]. 华中师范大学学报（人文社会科学版），2005(4): 120-126.

[64] Siang-Yang Tan. Applied positive psychology: putting positive psychology into practice [J]. Journal of psychology and Christianity, 2006, 25(1): 68-73.

[65] 朱亮. 大学生心理健康教育的历史、现状及发展研究 [D]. 合肥：合肥工业大学，2006.

[66] 黄永宜. 网络思想政治教育理论研究 [D]. 重庆：西南大学，2011.

[67] 张再兴. 网络思想政治教育研究 [M]. 北京: 经济科学出版社，2009.

[68] 周围. 思想政治教育与心理健康教育之关系研究 [J]. 社会科学家，2006(6): 200-202 +205.

[69] 尚元东，李晓玲. 网络心理学初探 [J]. 牡丹江师范学院学报（哲学社会科学版），2006(2): 93-94.

[70] 胡凯. 现代思想政治教育心理学研究 [M]. 长沙: 湖南人民出版社，2009.

[71] 郭玉锦，王欢. 网络社会学 [M]. 北京: 中国人民大学出版社，2010.

[72] 郭颖. 中学生网络成瘾量表的编制及相关研究 [D]. 上海：上海师范大

学，2004.

[73] 郝文清. 大学生网络心理健康研究 [D]. 南京：河海大学，2003.

[74] 郝文清. 网络时代高校学生心理健康刍议 [J]. 中国高教研究，2004(7)：86-87.

[75] 孟勇. 论网络与大学生心理健康教育 [J]. 中国成人教育，2005(7)：43-44.

[76] 王婷，马寅生. 近5年来高校学生心理问题研究综述 [J]. 中国健康心理学杂志，2007(3)：267-269.

[77] 王路军. 网络伦理问题研究综述 [J]. 理论前沿，2000(14)：22-23.

[78] Thompson S. Intrinsic and Extrinsic Motivation in Internet Usage [J]. Science，1999(27)：25-37.

[79] 朱旖妮，崔丽娟. 青少年网络聊天的心理学成因探析 [J]. 当代教育科学，2006(21)：44-45.

[80] 郭德俊. 小学儿童教育心理学 [M]. 北京：中央广播电视大学出版社，2002.

[81] 李春晖，于文华. 基于科学发展观的大学生网络心理健康教育研究 [J]. 时代文学（理论学术版），2007(6)：215-216.

[82] 刘欣. 网络使用对大学生心理健康状况的影响 [J]. 临床心身疾病杂志，2008(2)：128-130.

[83] 杨志坚. 大学生网络心理问题及其成因分析研究 [D]. 西安：西北工业大学，2004.

[84] 郭玉宾. 大学生网络成瘾及其干预策略 [J]. 河南理工大学学报（社会科学版），2007(3)：342 345.

[85] Anderson，Keith J. Internet Use Among College Students: An Exploratory Study [J]. J Am Coll Health，2001，50(1)：21-26.

[86] 蓝燕. 6.4%的大学生有网络成瘾倾向 [N]. 中国青年报，2001-07-10.

[87] 王建国，张寒冰. 山西省部分高校大学生网络成瘾状况 [J]. 中国学校卫生，2005(12)：1031-1032.

[88] 雷鸣，陈晓光，刘卫燕，等. 803名广东医学院在校学生网络成瘾状况的调查及人格特征分析 [J]. 广东医学院学报，2006(1)：84-86.

[89] 杨铁成，杜玉凤. 大学生网络使用情况与人格特质的相关分析 [J]. 承德医学院学报，2006(1)：103-104.

[90] 王瑜，王馨竹，宁晓兵. 大学生网络成瘾调查及其相关因素分析 [J]. 中国健康心理学杂志，2007(10)：888-889.

[91] 凌霄. 大学生网络内容偏好、自我同一性与网络成瘾的关系 [J]. 理论界，2005(11)：111-112.

[92] 共青团北京市委员会等编著. 青少年网络成瘾与网络游戏调查和研究 [M]. 北京：地质出版社，2006.

[93] Richard A. Davis，Gordon L. Flett，Avi Besser. Validation of a new scale for Measuring Problematic Internet Use: Implications for Per-employment Screening [J]. Cyber Psychology & Behavior，2002，5(4):331-345.

[94] Degoulet C，Nicolai T，Durand D，et al. Characterization of Polydisperse Solutions of Branched Poly (methyl methacrylate) Using Size Exclusion Chromatography with Online Multiangle Light Scattering and Viscosity Detection [J]. Macromolecules，2002，28(20)：6819-6824.

[95] Garbasz，Y. Flame，wars，flooding. kicking and spamming: Expressions of aggression in the virtual community，1997.

[96] Schuen，L. A. Deviant behavior on the internet. World Enterprise Institute Working Paper. community，2001.

[97] 徐艳国. 大学生网络越轨行为影响因素的社会学分析 [J]. 思想教育研究，2007(4)：28-31.

[98] Adam Joinson. Understanding the Psychology of Internet Behaviour: Virtual Worlds，Real Lives [M]. New York: Palgrave Macmillan，2003.

[99] Bondy E M，Mash E J. Parenting Efficacy，Perceived Control over Caregiving Failure，and Mothers' Reactions to Preschool Children's Misbehavior [J]. Child Study Journal，1999，29(3)：83-97.

[100] 李冬梅，雷雳，邹泓. 青少年网上偏差行为的特点与研究展望 [J]. 中国临床心理学杂志，2008(1)：95-97 +70.

[101] 李媛，杜洋，郭爽.大学生网络心理健康教育的探讨［J］.电子科技大学学报（社科版），2009，11(6)：73-74 +81.

[102] 郝文清.大学生网络心理健康研究［D］.南京：河海大学，2003.

[103] 黄希庭.当代中国大学生心理特点与教育［M］.上海：上海教育出版社，1999.

[104] 朱海燕，张锋，沈模卫，等.大学生互联网相关社会—心理健康概念的构建［J］.中国临床心理学杂志，2005(1)：4-8.

[105] 张锋，沈模卫，徐梅，等.互联网使用动机、行为与其社会—心理健康的模型构建［J］.心理学报，2006(3)：407-413.

[106] 龙艳.网络环境下大学生心理健康教育研究［D］.武汉：武汉理工大学，2005.

[107] 张琰焱.网络影响下的高校德育变革［D］.上海：华东师范大学，2002.

[108] 卓琳，高晓.大学生网络素质现状分析及提高措施［J］.福建政法管理干部学院学报，2008，10(2)：115-118.

[109] 谭建平，陆祉亦.以幸福观教育为取向提高网络道德教育的实效性［J］.教育与教学研究，2010，24(4)：1-3.

[110] 郭加书，王鑫.大学生网络心理健康教育与引导［J］.北京工业职业技术学院学报，2010，9(1)：55-59.

[111] 郤蕾蕾.当代大学生网络犯罪心理及预防对策初探［J］.安徽警官职业学院学报，2008(3)：87-89.

[112] 陈光磊，黄济民.青少年网络心理［M］.北京：中国传媒大学出版社，2008.

[113] 习近平.青年要自觉践行社会主义核心价值观：在北京大学师生座谈会上的讲话［M］.北京：人民出版社，2014.

[114] 肖峰.论作为一种理论范式的信息主义［J］.中国社会科学，2007(2)：68-77+205-206.

[115] 马克思，恩格斯.马克思恩格斯全集（第23卷）［M］.北京：人民出版社，1972.

[116] 马克思，恩格斯.马克思恩格斯文集（第46卷，下册）［M］.北京：人民出版社，1980.

[117] 新华社. 中共中央 国务院印发《关于加强和改进新形势下高校思想政治工作的意见》[EB/OL] http://www.gov.cn/xinwen/2017-02/27/content_5182502.htm, 2017-02-27.

[118] 陈学明. 马克思的人的全面发展理论与当代人的生活取向 [J]. 复旦学报(社会科学版), 2000(2): 17-23.

[119] 罗洪铁. 思想政治教育原理与方法研究 [M]. 贵阳: 贵州人民出版社, 2002.

[120] 卡尔・雅斯贝尔斯. 什么是教育 [M]. 北京: 生活・读书・新知三联书店, 1991.

[121] 习近平: 高举中国特色社会主义伟大旗帜 为全面建设社会主义现代化国家而团结奋斗——在中国共产党第二十次全国代表大会上的报告 [EB/OL]. http:// www. gov. cn/xinwen/ 2022-10-25/ content_5721685.htm, 2022-10-25.

[122] 马克思, 恩格斯. 马克思恩格斯选集(第1卷)[M]. 北京: 人民出版社, 1995.

[123] 中共中央党校. 习近平在中央党校建校80周年庆祝大会暨2013年春季学期开学典礼上的讲话 [EB/OL]. https://www.ccps.gov.cn/xxsxk/zyls/201812/t20181216_125682.shtml, 2013-03-04.

[124] 新华社. 习近平在亚洲文明对话大会开幕式上的主旨演讲(全文)[EB/OL]. https:// baijiahao.baidu.com/s ? id=1633571248379083991&wfr=spider&for=pc, 2019-05-15.

[125] 毛泽东, 艾思奇. 改造我们的学习 [M]. 北京: 人民出版社, 1960.

[126] 人民网. 习近平在纪念毛泽东同志诞辰120周年座谈会上的讲话 [EB/OL]. http://cpc. people. com.cn/n/2013/ 1227/c64094-23954163.html ? ivk_sa=1025883i, 2013-12-26.

[127] 江乐园. 浅析高校院系学生思想政治教育评估指标体系构建中的问题 [J]. 中国电力教育, 2008(19): 173-174

[128] 张耀灿, 郑永廷. 现代思想和行为引导学 [M]. 北京: 人民大学出版社, 2001.

[129] 邱柏生. 思想政治教育学科评估指标体系问题[J].学校党建与思想教育，2003(11):17-19.

[130] 宋渊渊. 大学生思想政治教育评估体系创新研究[J]. 邢台职业技术学院学报，2012，29(3)：44-47.

[131] 教育部高等教育教学评估中心. "普通高等学校本科教学工作审核评估试点工作专家培训研讨会"在京召开[EB/OL]. http://www.hljit.edu.cn/Item/9500.aspx，2013-04-16.

[132] 中华人民共和国教育部. 教育部关于加强新时代教育管理信息化工作的通知[EB/OL].http:// www. moe. gov.cn/ srcsite/ A16/ s3342/ 202103/ t20210322_ 521669. html，2021-03-15.

[133] 李志洋. 体验式教学在大学生心理健康教育课程中的应用[J]. 科教文汇（上旬刊），2021(16)：166-168.

[134] 朱琳. 大学生网络行为失范的类型、成因与对策[J]. 华东师范大学学报（教育科学版），2016，34(2)：88-95+121.

[135] 叶彤，钟小川，王苑芮，等. 基于ARCS模型的体验式实践课网络教学设计与应用——以《大学生心理健康教育》实践课为例[J]. 惠州学院学报，2021，41(5)：116-122.

[136] 郭晓珊，郑旭东，杨现民. 智慧学习的概念框架与模式设计[J]. 现代教育技术，2014，24(8)：5-12.

[137] 李玉婷，王文龙，杨晓玉，等. 智慧课堂环境下合作学习模式设计及实施策略探究——以新疆R中学高中英语阅读课教学为例[J]. 喀什大学学报，2019，40(4)：107-113.

[138] 陈婷. "互联网+教育"背景下智慧课堂教学模式设计与应用研究[D]. 徐州：江苏师范大学，2017.

[139] 王帅国. 雨课堂:移动互联网与大数据背景下的智慧教学工具[J]. 现代教育技术，2017，27(5)：26-32.

[140] 姜巧玲. 高校网络心理健康教育体系的构建[D]. 长沙：中南大学，2012.

[141] 彭艳. 网络时代背景下的大学生心理健康教育[J]. 教育与职业，2016

（12）：95-96.

［142］宋强玲. 大学生朋辈教育的优势及实践应用［J］. 教育与职业，2014（11）：68-69.